Uwe Westphal & Günther Helm

Wilde **Hamburger**

Uwe Westphal (Text) & Günther Helm (Fotos)

Wilde **Hamburger**

Natur in der Großstadt

MURMANN

Ihre Meinung zu diesem Buch interessiert uns!
Zuschriften bitte an: info@murmann-verlag.de

Den Newsletter des MURMANN Verlages können Sie anfordern unter
newsletter@murmann-verlag.de

Die Deutsche Bibliothek – CIP-Einheitsaufnahme
Ein Titelsatz für diese Publikation ist bei
der Deutschen Bibliothek erhältlich
ISBN-10: 3-938017-78-3
ISBN-13: 978-3-938017-78-4

1. Auflage, November 2006

Lektorat: Evelin Schultheiß, Ahrensburg
Umschlaggestaltung: Rothfos & Gabler, Hamburg
Herstellung und Gestaltung: Eberhard Delius, Berlin
Satz: Offizin Götz Gorissen, Berlin
Gesetzt aus der Garamond und Frutiger
Lithografie: Reihs Satzstudio, Köln
Druck und Bindung: Freiburger Graphische Betriebe, Freiburg
Printed in Germany.

Besuchen Sie uns im Internet: www.murmann-verlag.de

Inhalt

Anhang

Einleitung

Artenvielfalt im Großstadtdschungel

Möwenkolonien und Blütenpracht im Hamburger Hafen, Füchse und Uhus auf Friedhöfen, brütende Seevögel in Einkaufszentren und auf Baustellen, Kraniche und Adler, Hirsche und Wildschweine, Fledermäuse und Orchideen – die »wilden Hamburger« leben mitten unter uns. In keiner anderen deutschen Großstadt gibt es so viele Tier- und Pflanzenarten wie in Hamburg. Allein 160 Brutvogel- und fast 50 Säugetierarten gehören zum natürlichen Inventar, und mit mehr als 1300 wild wachsenden Pflanzenarten zählt die Hansestadt zu den acht bedeutendsten Hotspots der floristischen Artenvielfalt in Deutschland.

Mehrere Gründe sind für diesen Artenreichtum verantwortlich: Mit gut 1,7 Millionen Einwohnern ist Hamburg zwar die zweitgrößte Stadt Deutschlands, gehört aufgrund ihrer Fläche von 747 Quadratkilometern jedoch zu den am dünnsten besiedelten Metropolen der Welt. Vor allem in den Randbezirken gibt es noch viele naturnahe Bereiche, die über ein System so genannter Grünachsen mit der dicht bebauten Kernstadt vernetzt sind.

Hamburgs natürliche Landschaftsgestalt ist wesentlich durch die Bewegung eiszeitlicher Gletscher bestimmt, die hier stärker als sonst in Norddeutschland eine Landschaft der Kontraste schufen: Die Schmelzwässer der abtauenden Eismassen, die während der letzten Vereisung am Nordostrand des heutigen Hamburger Stadtgebietes zum Stehen kamen, schnitten sich tief in die eiszeitlichen Sand- und Gesteinsablagerungen, die so genannten Moränen, ein und formten so das Urstromtal der Elbe. Das Zusammentreffen von Elbstrom, Marsch und Geest bedingt eine Vielfalt unterschiedlicher natürlicher Lebensräume. So finden wir in Hamburg Wiesen, Moore und Heiden, naturnahe Laubwälder, Au- und Bruchwälder, Fließgewässer wie die Alster und ihre Nebenbäche, auch Sanddünen und Flusswatten. Sie werden zu einem großen Teil bewahrt in 28 Naturschutzgebieten, die – ohne Berücksichtigung des vor der Elbmündung gelegenen Nationalparks Hamburgisches Wattenmeer – acht Prozent der Landesfläche ausmachen und teilweise als Europäisches Naturerbe ausgewiesen sind.

Stadt und Natur – das ist keineswegs ein Widerspruch. Im Gegenteil: Hamburg beherbergt deutlich mehr Arten als vergleichbar große ländliche Räume in Norddeutschland. Denn während dort immer mehr Tiere und Pflanzen durch intensive land- und forstwirtschaftliche Nutzung aus der flurbereinigten Kulturlandschaft verdrängt werden, bietet die Stadt mit ihrem Nebeneinander von Baumbeständen, Parkteichen, Gartenhecken, Grünflächen, Industriebrachen, Blumenrabatten, Türmen und Hausfassaden neue, unterschiedlichste Lebensräume.

Die typische Stadtfauna setzt sich aus Besiedlern verschiedener Ausgangsbiotope zusammen. Fels- und Höhlenbewohner leben in der City, Heckenvögel und Ackerwildkräuter in Gärten, Steppenpflanzen auf Industriebrachen und Bewohner von Wäldern, Wiesen und Feuchtgebieten in Parkanlagen und auf Friedhöfen. Dazu gesellen sich Arten, die von den speziellen Bedingungen in der Stadt besonders profitieren.

Beispielsweise bietet das gegenüber dem Umland deutlich wärmere und trockenere Kleinklima der dicht bebauten und versiegelten inneren Stadt auch solchen Organismen Überlebensmöglichkeiten, die normalerweise in wärmeren Gegenden leben und durch den weltweiten Handel eingeschleppt wurden. Dazu gehören die Hausratte und die Gelbfüßige Bodentermite, die sich in Hamburg unterirdisch entlang der Fernheizungsrohre ausbreitet. Andere fremdländische Arten wurden in Hamburg angesiedelt, beispielsweise die aus Nordamerika stammende Kanadagans, oder entkamen aus Ziervogelhaltungen wie die ostasiatische Mandarinente. Auch die in städtischen Gärten und Parks gepflanzten exotischen Bäume, Sträucher und Stauden tragen zur Artenvielfalt bei.

Diese Tiere und Pflanzen, die in der freien Natur kaum jemals zusammentreffen, leben nicht einfach nebeneinander, sondern bilden neue Lebensgemeinschaften. Auf einem begrünten Hinterhof oder auf einer städtischen Brache können ebenso vielfältige ökologische Beziehungen zwischen den dort lebenden Arten entstehen wie auf einer Wiese oder im Wald. Ökosysteme in der Stadt sind nicht weniger komplex als solche in natürlichen Habitaten. Nicht umsonst hat sich die Stadtökologie zu einem eigenen Wissenschaftsfeld entwickelt.

Beeindruckend sind die erstaunliche Plastizität des Verhaltens und die hohe Lernfähigkeit insbesondere vieler Säugetiere und Vögel. Beides zusammen ermöglicht, dass innerhalb kürzester Zeit sogar Gebiete besiedelt werden, die uns nahezu lebensfeindlich erscheinen. Grundsätzlich im Vorteil sind anpassungsfähige, wenig spezialisierte Arten, so genannte Generalisten, die in der Lage sind, flexibel auf neue Gegebenheiten oder sich rasch ändernde Situationen zu reagieren und jede sich bietende Futterquelle konsequent zu nutzen. Ein typisches Beispiel hierfür ist der Steinmarder: Er findet Unterschlupf auf Dachböden, nutzt Motorräume von Autos als Nahrungsdepot und ernährt sich von allem, was die Stadt bietet – von der Ratte bis zum weggeworfenen Pausenbrot. Haben die Tiere erst einmal gelernt, mit der Nähe zum Menschen umzugehen, kann das städtische Umfeld mit seiner Vielzahl an Unterschlupf- und Brutmöglichkeiten und seinem üppigen Nahrungsangebot solchen Generalisten bessere Lebensmöglichkeiten bieten als der ursprüngliche natürliche Lebensraum. Manche Arten wie Amseln und Meisen kommen in der Stadt inzwischen in höherer Dichte vor als im Wald.

Ebenfalls im Vorteil sind Pioniere mit hoher Vermehrungsrate und einem starken Ausbreitungsvermögen, das es ihnen ermöglicht, neu entstandene Lebensräume rasch zu besiedeln. Denn typisch für die Stadt ist ihre hohe Dynamik: Regelmäßig schafft der Mensch durch Bau- und Entwicklungsmaßnahmen räumlich und zeitlich verteilt neue Biotope und zerstört andere. Aus einem Feuchtwiesengelände in der Elbmarsch kann schnell ein Industriegebiet auf einer aufgespülten Sandschicht entstehen oder eine Wohnsiedlung mit Gärten. Die Artenzusammensetzung ist immer eine andere, das heißt, so dynamisch wie die Veränderung der Lebensräume ist auch die Zusammensetzung der Lebensgemeinschaften. Gerade diese Dynamik, die viele natürliche Ökosysteme vor allem im Urstromtal der Elbe auszeichnete, ist in der heutigen Kulturlandschaft sonst kaum mehr gegeben. Auch nicht in Naturschutzgebieten, wo häufig versucht wird, einen bestimmten, als besonders wertvoll erachteten Zustand durch aufwendige Pflegemaßnahmen zu konservieren und bestimmte schutzbedürftige Arten zu erhalten. In der Stadt dagegen schaffen Spülfelder, Baustellen und Neubaugebiete stets neue Habitate für Pionierarten, die mit zunehmender Entwicklung, einer natürlichen oder gelenkten Sukzession, anderen Lebensgemeinschaften Platz machen. Wenn zum Beispiel in neu angelegten Gärten im Laufe der Jahre Büsche und Bäume aufwachsen, so verändert sich entsprechend auch die Zusammensetzung der Tier- und Pflanzenwelt. In enger räumlicher Nachbarschaft finden sich verschiedene Lebensräume in jeweils unterschiedlichen Entwicklungsstufen, was eine hohe Artenzahl zur Folge hat. Hinsichtlich dieser enormen Dynamik und Diversität erscheint die Stadt, so überraschend es klingen mag, natürlicher als so manches mit hohem Aufwand gepflegte Naturschutzgebiet.

Allerdings muss eine solche Aussage differenziert betrachtet werden. In Hamburg haben sich aus unterschiedlichen Gründen Relikte ursprünglicher Natur und naturnahe Kulturlandschaften wie Flusswatten, Auwälder, Moore und Heiden oder artenreiche Feuchtwiesen erhalten. Sie beherbergen eine Fülle von Tier- und Pflanzenarten, die aufgrund ihrer oft sehr speziellen Standortansprüche auf diese Biotope angewiesen sind und die nicht über die ökologische Plastizität typischer Stadtbesiedler verfügen. Gerade die Bewohner langfristig konstanter Lebensräume, etwa die Vegetation der Moore oder die Insektenfauna alter Wälder, haben diese Plastizität nie entwickeln müssen. Viele von ihnen weisen eine vergleichsweise niedrige Vermehrungsrate und eine sehr begrenzte Ausbreitungskapazität auf. Ihre Strategie ist das dauerhafte Überleben in ihrem speziellen Lebensraum und nicht die schnelle Eroberung neuer Habitate, wie sie für die Pio-

niere typisch ist. Solche Standortspezialisten können sich daher an die häufig wechselnden Bedingungen des Stadtlebens nicht anpassen, sie sind in jedem Falle die Verlierer der stadttypischen Dynamik. Wenn beispielsweise ein Neubaugebiet im Moor errichtet wird, mag die Anzahl der Arten hinterher vielleicht höher sein, doch die moortypische Flora und Fauna wird verschwinden und in keinem Garten, keinem städtischen Park oder Friedhof einen Ersatzlebensraum finden. Aus Naturschutzsicht ist also eine hohe Artenzahl allein nicht das entscheidende Kriterium, wenn Wachtelkönig, Wollgras und Fieberklee am Ende ersetzt werden durch ein paar Dutzend Generalisten wie Amsel, Löwenzahn und Gänseblümchen, die in jedem Garten vorkommen. Aus diesem Grund werden immer wieder Auseinandersetzungen um den Schutz solcher Reliktstandorte geführt, die von Bauvorhaben oder Verkehrstrassen gefährdet werden.

Von der zunehmenden Verstädterung der Natur profitieren auch wir Menschen. Empirische Studien zeigen, dass ein natürliches Umfeld sich positiv auf das körperliche und seelische Wohlbefinden auswirkt. Der einzigartige Naturreichtum Hamburgs, der spannende und unvermutete Begegnungen mit den »wilden Hamburgern« ermöglicht, liefert daher auch einen entscheidenden Beitrag zur Lebensqualität.

Sturmmöwen im Hafen

Brachenbesetzer

Seevögel auf Dächern und Baustellen

Austernfischer

Es war nicht der erste Anruf aus dem Elbe-Einkaufszentrum in Klein-Flottbek, der irgendwann Ende Mai in der Hamburger Vogelschutzwarte einging. Da liefe ein kleiner, langbeiniger Vogel zwischen den Füßen der Passanten herum, der offensichtlich nicht fliegen könne. Es handelte sich – wie so oft schon – um ein Austernfischerküken, wohl gut zwei Wochen alt und noch mit dem typischen dunkelgrau-weißen Dunenkleid bedeckt, das ängstlich piepsend in wildem Zickzack zwischen den vielen Menschen umherirrte. Trotzdem war es leicht zu entdecken, denn die Elternvögel flatterten mit schrillen »Kliiep-kliiep«-Warnrufen über den Köpfen der Passanten und hielten so ständig Kontakt zu ihrem Jungen. Der zum »Noteinsatz« gerufene Vogelschützer fing das Küken ein, setzte es in einen Karton und brachte es zurück auf das Dach des Einkaufszentrums, denn irgendwo dort befand sich der Brutplatz der Vögel.

Schon seit 1986 brüten Austernfischer auf dem riesigen Flachdach – auf den ersten Blick ein ungewöhnlicher Ort für einen Seevogel, den man normalerweise von den Küsten der Nord- und Ostsee oder als Bewohner der Marschwiesen entlang der Elbe kennt. Doch für Austernfischer stellen große, mit Kies bedeckte Flachdächer fast ideale Brutplätze dar. Wenn dort nach Regenfällen ausgedehnte Pfützen stehen bleiben, ähneln sie besonders stark den natürlichen Bruthabitaten zum Beispiel an einem steinigen Ostseestrand. Als in den 1960er Jahren Zweckbauten wie Gewerbebetriebe und Schulen vermehrt mit Flachdächern ausgestattet wurden, kamen auch schon bald die Austernfischer. Die erste der heute in ganz Norddeutschland verbreiteten Dachbruten registrierten Vogelkundler 1968 in Wilhelmshaven. In Hamburg besiedeln die auffälligen Vögel unter anderem die Kiesdächer der Forschungsinstitute der DESY in Groß-Flottbek, der Airbus-Werkshallen in Finkenwerder oder auch der Flughafengebäude in Fuhlsbüttel.

Im Vergleich zu den natürlichen Brutplätzen haben die hoch über der Stadt liegenden Kunststrände den Vorteil, dass sie den Vögeln verlässlichen Schutz vor Bodenfeinden wie Füchsen, Hunden oder Katzen bieten. Allenfalls Krähen und Elstern können Eiern und Küken dort oben gefährlich werden. Doch die wehrhaften Austernfischer wissen ihren Nachwuchs mit energischen Flugattacken und ihrem gefährlich spitzen, kräftigen Schnabel gut zu verteidigen. Als echte Gefahr erweist sich – wie das eingangs geschilderte Missgeschick des Austernfischerkükens zeigt – die Höhe des Brutplatzes. Die kritische Phase beginnt, wenn die Jungvögel schon einen großen Bewegungsdrang haben, aber noch nicht fliegen können. Erst im Alter von etwa fünf Wochen sind sie flugfähig und werden bis dahin von ihren Eltern geführt. Das Dach des Einkaufszentrums ist zwar mit einer etwa 30 Zentimeter hohen Blechumrandung versehen, doch die stellt für unternehmungslustige Austernfischerküken kein ernsthaftes Hindernis dar. Und in ihrem angeborenen Verhalten ist nicht vor-

Austernfischer mit Jungvogel

gesehen, dass man vom Dach fallen kann, denn am Strand oder auf der Salzwiese purzeln die Jungvögel schlimmstenfalls in einen Graben, aber nicht in eine Menschenmenge. Genau das passiert im Elbe-Einkaufszentrum immer wieder. Dann müssen Tierschützer, Polizei oder Feuerwehr ausrücken, um ein kleines Flaumknäuel zu bergen und wieder aufs Dach zu bringen. Dabei geschieht es nicht selten, dass ein mit einigem Aufwand gerettetes Junges wenig später wieder unten sitzt.

SEEVÖGEL

Die schwarz-weißen **Austernfischer** sind mit ihren leuchtend roten Beinen und dem roten Schnabel, der ihnen auch den Namen »Möhrenträger« einbrachte, unverkennbar. Dieser auffällige Seevogel brütet an den Küsten von Nord- und Ostsee auf Sand- oder Kiesstränden sowie auf Salzwiesen. Entlang der großen Flüsse dringt er weit ins Binnenland vor und besiedelt die Wiesen und Weiden der Flussmarschen. Der Name »Austernfischer« gibt einen Hinweis auf die Lieblingsnahrung der Vögel: Muscheln und Schnecken. Dabei bevorzugen sie nicht nur Austern, sondern nehmen vor allem Herz- und Miesmuscheln. Es gibt zwei unterschiedliche Techniken, wie die Muscheln geknackt werden. Entweder wird die Schale mit dem kräftigen Schnabel aufgehämmert, oder der Schnabel wird wie ein Keil zwischen die Schalenhälften gesteckt, um den Schließmuskel der Muschel zu verletzen und sie aufzusperren. Interessanterweise spezialisiert sich ein Vogel immer nur auf eine Technik, je nachdem, welche er von seinen Eltern gelernt hat. Daneben fressen Austernfischer kleine Krabben, Wattwürmer und im Binnenland auch Regenwürmer.

Der elegante **Säbelschnäbler**, dessen dünner Schnabel wie ein Säbel nach oben gebogen ist, sucht in seichtem Wasser nach Kleinkrebsen, Insektenlarven und Jungfischen. Dabei schwenkt er den Schnabel in charakteristischer Weise hin und her und ortet dabei die Beute mit seinem hoch entwickelten Tastsinn. Noch vor wenigen Jahrzehnten war dieser grazile Seevogel auch an der Küste sehr selten, inzwischen hat sich sein Brutbestand gut erholt.

Fluss-, Sand- und Seeregenpfeifer sind kleine, rundliche Watvögel, die mit so flinken Trippelschritten laufen, dass sie wie auf Rädern über den Boden zu rollen scheinen. Sie haben eine kluge Taktik entwickelt, um etwa einen Fuchs von ihrem Bodennest oder den Küken wegzulocken. Sie stellen sich flügellahm, flattern unter erbärmlichem Gepiepse vor dem Feind her und lenken so die Aufmerksamkeit auf sich. Der Fuchs folgt dem vermeintlich schwer verletzten Vogel, der sich immer weiter vom Nest entfernt und irgendwann abrupt auffliegt und zu seinem Nachwuchs zurückkehrt.

Zwergseeschwalben sind keine Schwalben, sondern gehören in die Verwandtschaft der Möwen. Die Bezeichnung »Schwalben« geht auf ihren tief gegabelten Schwanz und die langen Schwanzspieße zurück. Die Zwergseeschwalbe ist die kleinste heimische Seeschwalbenart. Sie ernährt sich hauptsächlich von kleinen Fischen, die sie stoßtauchend fängt. Hat sie aus der Luft einen Fisch erspäht, stürzt sie sich mit angelegten Flügeln kopfüber ins Wasser und packt ihre Beute. Bei der Balz präsentiert das Männchen seiner Partnerin als Hochzeitsgeschenk einen kleinen Fisch.

Gelegentlich brüten auch die kleinen Flussregenpfeifer, ursprünglich auf Schotterbänken ungebändigter Flüsse zu Hause, auf Flachdächern. Mögen deren winzige Küken in den kiesigen Dachlandschaften gerade noch genügend Insekten und anderes Kleingetier finden, so reicht diese karge Nahrung für die Jungen der viel größeren Austernfischer nicht annähernd aus. Dass sie dennoch, anders als andere Watvögel vergleichbarer Größe, Flachdächer als Brutplätze nutzen können, verdanken sie einer brutbiologischen Besonderheit. Watvogelküken, die als typische Nestflüchter sofort nach dem Schlupf umherlaufen, müssen sich normalerweise ihre Nahrung von Anfang an selber suchen und werden dafür von den

Flachdach als Austernfischerbrutplatz

Elternvögeln zu ergiebigen Nahrungsgründen geführt. Junge Austernfischer dagegen werden in den ersten Wochen von ihren Eltern gefüttert und brauchen daher die Sicherheit des Daches nicht zu verlassen. Normalerweise müssen Wattflächen oder feuchte Wiesen in der Nähe sein, auf denen die Altvögel nach Würmern und anderem Kleingetier für die Kleinen suchen können. Die nur etwa drei Kilometer entfernte Elbe mit ihren Schlickwatten im Mühlenberger Loch böte den Austernfischern vom Einkaufszentrum beste Bedingungen für die Nahrungssuche. Aber offenbar ist ihnen der Weg dorthin zu weit, denn sie fliegen regelmäßig zu einem nahe gelegenen Sportplatz, um dort Regenwürmer für die Jungen zu holen. Von spielenden Kindern und sportlichen Aktivitäten lassen sie sich nicht abhalten, sie profitieren im Gegenteil davon. Denn die Erschütterungen, die durch das Laufen und Springen im Boden verursacht werden, lösen bei Regenwürmern unter der Erde hastige Fluchtbewegungen aus. Die wiederum kann der Austernfischer spüren und gezielt an den richtigen Stellen stochern.

Einige andere Vogelarten beherrschen diesen Trick ebenfalls, mit dem Unterschied, dass sie die Würmer selbst durch sanfte Stöße auf die Erde aufscheuchen. Der Kiebitz etwa schlägt mit einem Fuß mehrmals sehr schnell auf den Boden, von Vogelkundlern als »Fußtrillern« bezeichnet, und hält ihn anschließend leicht angewinkelt, so dass nur die Zehenspitzen die Erde berühren. Über diese leichte Berührung kann er die feinen Schwingungen, die der unterirdisch flüchtende Wurm verursacht, wahrnehmen. Ähnlich geht die Amsel vor, nur dass sie nicht mit den Füßen trillert, sondern kräftig auf der Stelle hopst.

Schwieriger wird die Nahrungssuche für die Austernfischer in heißen, trockenen Sommern, wenn die Erde auf dem Sportplatz steinhart ist und die Regenwürmer sich in tiefere Bodenschichten zurückziehen. Doch auch in dieser Notlage wissen sich die Vögel zu helfen. Sie fliegen dorthin, wo der Boden durch den Rasensprenger aufgeweicht wurde, und finden so auch bei anhaltender Trockenheit stets genügend Nahrung für ihren Nachwuchs.

Häufig sitzen die Austernfischer laut rufend auf der Dacheinfassung des Gebäudes, von Lärm und Einkaufsrummel offensichtlich keinerlei Notiz nehmend. Dass umgekehrt nur wenige Passanten die eigentlich nicht zu überhörenden Rufe der Vögel wahrnehmen, ist allerdings mindestens ebenso erstaunlich, den Vögeln aber nur recht. Gezielte Aufmerksamkeit mögen sie genauso wenig wie andere Wildtiere. Dies zeigte mir ein Austernfischer, der auf dem Dach eines Sportvereinsheims im Stadtteil Allermöhe brütete, in aller Deutlichkeit. An dem Tag, als ich die Dachbrut fotografieren wollte, fand zufällig ein großes Fest statt. Hunderte von Menschen feierten bei lauter Musik rund um das Vereinsheim.

Niemand achtete auf den Vogel, und er kümmerte sich nicht um die Menschen. Doch als ich in all dem Trubel mein Stativ aufbaute und den brütenden Vogel durch das Fotoobjektiv fixierte, verschwand er augenblicklich und ließ sich auch nicht wieder blicken, solange ich mit meiner Fotoausrüstung dastand. Das große, starre »Fotoauge« schien ihm offensichtlich gefährlich, denn auf ähnliche Weise fixiert ein Beutegreifer, etwa ein Fuchs oder Habicht, sein Opfer, bevor er es angreift.

Vögel suchen sich einen Lebensraum nicht nach ästhetischen Gesichtspunkten wie wir Menschen, sie haben ein bestimmtes angeborenes Lebensraumschema im Kopf. Sie wählen ihre Reviere nach festgelegten Eigenschaften und Merkmalen aus, unabhängig davon, ob die gewählten Gebiete natürlichen oder künstlichen Ursprungs sind. Finden sie die für sie erforderlichen Voraussetzungen vor, arrangieren sie sich auch mit unnatürlichen Begleiterscheinungen. Genau deshalb kann, wie im Fall der Austernfischer, ein flaches Kiesdach über einem Einkaufszentrum die Bedürfnisse ebenso erfüllen wie ein Kieselstrand an der Ostsee. Gleiches gilt für Baustellen, die für bestimmte Seevögel – aus unserer Sicht schwer nachvollziehbar – Landschaftscharakter haben.

Säbelschnäbler

Als in den Jahren 1994/95 das Wohngebiet Neu-Allermöhe West im Bezirk Bergedorf errichtet wurde, entwickelte sich die Großbaustelle – mit einer Fläche von 163 Hektar damals die größte Deutschlands – sehr schnell zu einem Geheimtipp für Ornithologen. Denn auf den weiten Sandflächen mit den zahllosen Fahrspuren, in denen fast immer Regenwasser stand, und den tiefen Pfützen stellten sich sehr schnell Regenpfeifer, Säbelschnäbler, Zwergseeschwalben und andere Küstenvögel ein. Zwischen Baggern und Kränen legten sie ihre tarnfarbig gesprenkelten Eier, die an Kieselsteine erinnern, in einfache Bodenmulden inmitten des Baustellenbetriebs. Die Vögel sind genetisch nicht darauf programmiert, Planierraupen und Kipplaster als Feindbild wahrzunehmen, sie weichen ihnen allenfalls aus, um nicht unter die Räder zu kommen.

Auf Bitten des Naturschutzamtes wurden die Neststandorte mit Pfählen markiert, um ein versehentliches Zertreten oder Überfahren der Gelege zu verhindern. Die Bauarbeiter zeigten sich erstaunlich kooperativ und erklärten sich bereit, auf die Vögel zu achten. Bei einer späteren Kontrolle mussten die Naturschützer jedoch feststellen, dass dort, wo die seltene Zwergseeschwalbe gebrütet hatte, nun eine asphaltierte Baustraße verlief. Die Küken konnten zu dem Zeitpunkt noch nicht geschlüpft sein, also war das Nest offensichtlich zerstört. Darauf angesprochen, entgegnete einer der Bauarbeiter: »Eure Vögel brüten jetzt dahinten.« Die Seeschwalben waren nicht etwa freiwillig umgezogen. Als die Straße angelegt werden sollte, hatte ein Arbeiter kurzerhand das Gelege mit einer Schaufel aufgenommen und vorsichtig etwa 20 Meter weiter an einen sicheren Platz gebracht. Erstaunlich war, dass die brütenden Altvögel den Zwangsumzug mitgemacht hatten. Normalerweise geben die sensiblen Seeschwalben wie die meisten Vögel ihr Gelege nach einer solch massiven Störung auf. Doch anscheinend waren in diesem Fall die Eier schon so weit bebrütet, dass der Bruttrieb stärker war als der Fluchttrieb.

Im Frühjahr 2001 wurden Vogelschützer zu einem Noteinsatz nach Billwerder-Moorfleet gerufen. An der Halskestraße, mitten im Industriegebiet, waren im Jahr zuvor Teile des Moorfleeter Kanals mit Sand aufgespült worden. Auf diesem künstlichen Sandstrand hatten sich gleich neun Paare Säbelschnäbler, vier Paare Sand- und Flussregenpfeifer, ein Paar Brandgänse und sogar zwei Paare der in ihrem Bestand extrem gefährdeten Zwergseeschwalbe zum Brüten niedergelassen. Jetzt sollte das Areal endgültig mit Sand verfüllt und bebaut werden. Buchstäblich in letzter Sekunde gelang es, in dem gefährdeten Bereich die Bagger zu stoppen. Während ringsum die Bauarbeiten weitergingen, wurden in der kleinen Vogelkolonie alle Küken flügge.

Regelmäßig werden in Hamburg Spülfelder, die zumeist im Hafenbereich angelegt werden, von Seevögeln besiedelt. Spülfeld

Künstliche Dünenlandschaft

Es sind wertvolle Biotope auf Zeit – vom Menschen geschaffen und vom Menschen wieder zerstört. Das kurzfristige Werden und Vergehen solcher offenen Sandflächen und schütter bewachsenen Brachen ist jedoch das natürliche Schicksal dieser besonderen Lebensräume, zumindest im Urstromtal der Elbe. Denn früher, als der Elbstrom noch weitgehend frei von menschlichen Einflüssen die Landschaft gestalten konnte, schufen Hochwässer und Sturmfluten immer wieder Sand- und Schlickbänke, die sogleich von so genannten Pionierarten besiedelt wurden. Dazu gehören bestimmte Pflanzen und Insekten, aber auch verschiedene Seevogelarten, die ansonsten an den Sandstränden der Küsten brüten. Solche Pioniere können nie lange an einem Platz bleiben, denn nur solange der Boden offen und frei von höheren Pflanzen ist, finden die an solche Verhältnisse angepassten Seevögel geeignete Brutmöglichkeiten. Sobald Stauden oder Gehölze aufwachsen, verschwinden sie, um neue Pionierlebensräume zu erobern.

Dort, wo diese natürliche Dynamik des Flusses durch Deiche, Steinschüttungen, Kaimauern und stählerne Spundwände unterbunden wurde, gingen auch die offenen Sand- und Schlickbänke endgültig verloren. Teilweise schufen die Eingriffe des Menschen, wenngleich unbeabsichtigt, einen gewissen Ersatz für die gestaltende Kraft des Wassers: Um immer größeren Schiffen das Anlaufen des Hamburger Hafens zu ermöglichen, wurde die Fahrrinne der Elbe in regelmäßigen Abständen vertieft. Der vom Elbgrund abgebaggerte und abgesaugte Sand wurde und wird teilweise bis heute auf dafür bestimmte Flächen aufgespült, die über längere Zeit als nicht genutzte Sandböden brachliegen. So entstand auch das heutige Industriegelände auf der Elbinsel Hohe Schaar im Hafen. Ab 1953 verschwand dieses Gebiet zwischen Süderelbe, Blumensandhafen und Reiherstieg, bis dahin eine grüne Marschlandschaft, unter einer fünf Meter mächtigen Sandschicht. Elf Jahre lang dauerten die Aufspülarbeiten. Das Gelände wurde ein Wattgebiet auf Zeit, es entstand ein künstliches kleinflächiges Flussmündungssystem mit sich ständig verändernden Strukturen. Die Entwicklung der Landschaft wurde nicht von den Hochwässern, sondern von den Spülrohren bestimmt, die ständig verlegt wurden. Die von Prielen durchzogenen Sand- und Schlickflächen, kaum je von Menschen betreten, zogen viele neue Vogelarten an, darunter höchst seltene Spezies wie den zierlichen Seeregenpfeifer, den man in Hamburg vorher noch nie als Brutvogel registriert hatte.

Möwengelege zwischen Zypressenwolfsmilch

Auch wenn heute Industrieanlagen das Bild der Hohen Schaar prägen, so liegen immer noch größere Flä-

Brandgänse

chen auf der Insel als Industrieerwartungsland brach. Die größte und wertvollste dieser Hafenbrachen liegt im Norden der Insel, südlich des Zollamtes. Dieses 65 000 Quadratmeter große eingezäunte Areal beherbergt neben zahlreichen anderen speziell angepassten Pflanzen den größten norddeutschen Bestand der seltenen Zypressenwolfsmilch, die im Frühjahr das Gelände mit einem gelben Blütenteppich überzieht. Und zwischen den Gleisen der Güterbahn zwischen Hohe-Schaar-Straße und Reiherstieg entdeckt man Blüten unterschiedlichster Farben, unter denen das Blau des Natternkopfes und das Gelb der Nacht- und Königskerzen besonders hervorstechen. Mauerpfeffer und Pfeilkresse gehören ebenso zur typischen Ruderalvegetation magerer Standorte wie Rainfarn, Steinklee und Tüpfeljohanniskraut. Der Grund für die pflanzliche Vielfalt liegt darin, dass diese Flächen weder gedüngt, gemäht oder mit Herbiziden behandelt werden, sie bleiben sich selbst überlassen.

Die schüttere und niedrige Vegetation dieser Trockenbrachen bietet ideale Bedingungen für Bodenbrüter wie Sturmmöwen, die das Terrain allerdings zunächst nur zögerlich annahmen. Die ersten Sturmmöwen siedelten sich 1969 am Kattwykdamm an, doch die Kolonie entwickelte sich erst zehn Jahre später, im Zuge einer allgemein positiven Bestandsentwicklung im norddeutschen Küstenraum. Die Zahl der brütenden Möwen stieg auf knapp 100 Paare an, sank danach aber wieder ab. Ein Vogelkundler fand den Grund für die Stagnation. Er entdeckte zehn geschossene Sturmmöwen und stellte fest, dass fast alle Nester in der Kolonie geplündert waren. Wie sich herausstellte, waren chinesische Seeleute dafür verantwortlich, die sich offenbar mit frischen Möweneiern ihren Speisezettel aufbessern wollten. Früher galten Möweneier auch in Norddeutschland als Delikatesse, die sich heutzutage allein schon aus gesundheitlichen Gründen verbietet. Da vor allem Großmöwen wie die Silbermöwe mit Vorliebe auf Müllkippen und im Meeresspülsaum nach Fress-

Sturmmöwenkolonie auf dem Shell-Gelände

barem stöbern, können die Eier stark mit Schadstoffen belastet sein.

1990 verließen die Sturmmöwen diesen frei zugänglichen Brutplatz und wechselten auf umzäunte Industrieareale, wo sie ausreichenden Schutz vor Nestplünderern jeglicher Art fanden. Neben den Möwen entdeckten auch andere Bodenbrüter die unbebauten Flächen zwischen den Industrieanlagen als geeignetes Revier, Austernfischer genauso wie die bunten Brandgänse, die unter anderem verlassene Kaninchenbauten als Brutplätze nutzen. Für die stark bedrohten Rebhühner stellen die Hafenbrachen mit ihrer Fülle von Wildkräutern und Insekten sogar eines der letzten Refugien in Hamburg dar, denn in der intensiv genutzten Agrarlandschaft etwa der Vier- und Marschlande oder der Feldmarken im Westen und Norden der Stadt haben diese typischen Feldbewohner heute kaum mehr eine Überlebenschance, da es ihnen an Nahrung und Deckung mangelt. Auch die Feldlerche scheint sich in dem ungewöhnlichen Lebensraum mitten im Hafen wohlzufühlen, ihr im Fluge vorgetragener Gesang ist hier noch häufig zu hören. Der Steinschmätzer, ein selten gewordener Singvogel, legt sein Nest in dieser Umgebung gern in Schrotthaufen oder Palettenstapeln an und erreicht mit etwa 35 Paaren auf der Hohen Schaar seinen höchsten Brutbestand in ganz Hamburg.

Die auffälligsten Bewohner der Hafenlandschaft sind zweifellos die unzähligen Möwen. Sie haben in einzigartiger Weise das Raffineriezentrum der Shell & Dea Oil GmbH erobert, die fast den gesamten südlichen Bereich der Hohen Schaar einnimmt. Südlich des Kattwykdamms beherrschen auf einer Fläche von etwa zwei Quadratkilometern Öltanks, Schorn-

Sturmmöwengelege

steine, Kühltürme, ein Gewirr von Rohrleitungen sowie verschiedenste technische Anlagen zur Verarbeitung des Rohöls die Szenerie. Der Gedanke, dass sich hinter der zwei Meter hohen Flutschutzmauer, die das Gelände umgibt, irgendetwas naturkundlich Interessantes verbergen könnte, schien angesichts der unwirtlichen Umgebung absurd. Im Frühjahr 2001 richtete der Hobby-Vogelkundler Günther Rupnow von einem entfernt liegenden Standort aus mehr zufällig sein Fernrohr auf das Raffineriezentrum. Dabei entdeckte er einige Sturmmöwen – im Prinzip nichts Ungewöhnliches, doch die Vögel, die Rupnow im Visier hatte, verhielten sich auffällig: Sie saßen paarweise zusammen, stritten sich mit ihren Nachbarn, vertrieben überfliegende Krähen mit energischen Angriffsflügen, und einige schienen fest zu brüten. Rupnow beschloss, der Sache nachzugehen, und bekam von der Betriebsleitung die Genehmigung, die Anlage zu erkunden. Zusammen mit zwei weiteren Ornithologen konnte ich ihn dabei begleiten.

Was wir sahen, übertraf unsere kühnsten Erwartungen:

Weit über tausend Paare Sturmmöwen brüteten über das ganze Gelände verstreut. Doch mehr noch als die unglaubliche Anzahl überraschten uns die teilweise ungewöhnlichen Nistplätze und das Verhalten der Vögel. Normalerweise lösen Menschen in einer Möwenkolonie eine gemeinschaftliche Abwehrreaktion aus, bei der die Vögel jeden Eindringling unter wildem Gekreische umflattern. Hier jedoch war von Angst oder Panik keine Spur. Die Nester lagen zum Teil in unmittelbarer Nähe von Gebäuden, selbst unter viel benutzten Türschwellen, in Fahrradständern und auf Autos, die offenbar längere Zeit nicht bewegt worden waren. Eine Sturmmöwe, die direkt an einem Werkstattgebäude brütete, ließ sich nicht einmal durch die Funken sprühenden Schweißarbeiten eines Arbeiters nur wenige Meter neben ihr aus der Ruhe bringen.

Obwohl Möwen normalerweise am Boden brüten, entdeckten wir Gelege auch auf Dächern, Gerüststangen, Palettenstapeln und Schrotthaufen, ja sogar in luftiger Höhe auf einem Flutlichtstrahler. Warum die Vögel solche untypischen Nistplätze wählen, bleibt rätselhaft. Nesträuber brauchen sie hier nicht zu fürchten, weil die hohe Flutschutzmauer Füchse, Hunde und Katzen fernhält. Platzmangel auf dem Boden kann es ebenfalls nicht sein, denn es gibt genügend Stellen, die nach menschlichem Ermessen als Brutplätze sehr wohl geeignet wären, aber nicht besetzt sind. Was treibt eine Möwe stattdessen dazu, sich hoch oben auf einer Laterne zur Brut niederzulassen? Wir wissen es nicht.

Möwengelege

Wir können es nur zur Kenntnis nehmen und immer wieder feststellen, dass Tiere keine Maschinen sind, die nach einem bestimmten Programm funktionieren. Anderenfalls wären sie auch nicht in der Lage, städtische Lebensräume zu besiedeln, denn die besonderen Bedingungen dort machen auch besondere Anpassungen erforderlich.

Zumindest aber das furchtlose Verhalten der Möwen, so überraschend es für uns im ersten Moment war, lässt sich erklären. Es ist, allgemein gesprochen, Ergebnis eines Lern- und Gewöhnungsprozesses. Die Werksangehörigen, die sich auf dem Shell-Gelände aufhalten, tragen alle einen blauen Arbeitsanzug und einen gelben Helm. Weil sie sich nur um ihre Arbeit kümmern und die Vögel in Ruhe lassen, haben die Möwen mit der Zeit gelernt, dass von den »gelbköpfigen Blaumännern« keine Gefahr für sie ausgeht. Seit wann diese Kolonie auf dem Raffineriegelände existiert, ist nicht genau bekannt. Nach Angaben von Mitarbeitern sollen die Möwen »schon immer« dort gebrütet haben. Vermutlich haben sie das Areal bald nach Errichtung der Flutschutzmauer Mitte der 1960er Jahre besiedelt, nachdem sie gemerkt hatten, dass diese ihnen optimalen Schutz vor Bodenfeinden und unvorhergesehenen Störungen aller Art bietet. Im Laufe der Jahre haben sich die Möwen an das Geschehen auf dem Betriebsgelände gewöhnt und die stets gleich gekleideten Arbeiter und ihre Aktivitäten als Teil ihres Lebensraumes akzeptiert.

Wir fühlten uns wie unter einer Tarnkappe, als wir, ebenfalls in blauem Arbeitsanzug und mit gelbem Helm, über das Gelände zogen, um die Möwennester zu zählen und die Anzahl der Eier pro Gelege zu ermitteln. Letzteres erwies sich mitunter als schwierig. Einige Sturmmöwen waren so stur, dass sie kaum dazu zu bewegen waren, sich wenigstens einmal kurz vom Nest zu erheben. Dieses entspannte oder, wenn man so will, hartgesottene Verhalten von Wildtieren darf jedoch nicht zu falschen Schlüssen verleiten. Auch in der freien Landschaft brüten Seevögel manchmal dicht an Wegen, offenbar ohne Furcht vor den Menschen. Wissenschaftler der Vogelwarte Helgoland konnten jedoch nachweisen, dass die Tiere sehr wohl gestresst sein können, auch wenn sie von außen betrachtet ruhig weiterbrüten. Dazu legten die Biologen einigen brütenden Austernfischern einen elektronischen Herzschlagmesser an, der die Herzschlagfrequenz als Maß für den empfundenen Stress per Funk an einen Empfänger übermittelt. Die Ergebnisse zeigten, dass die Vögel tatsächlich kaum reagierten, wenn Menschen auf dem Weg, nahe den Gelegen, einfach nur vorbeigingen. Blieb aber jemand in der Nähe des Nestes stehen oder ging ein paar Schritte ins Gelände, stieg die Herzschlagfrequenz deutlich an. Den stärksten Stress löste ein frei laufender Hund aus, der im genetischen Programm der meisten Wildtiere als Feind gespeichert ist. Kommen Menschen und Hunde zu nahe, versuchen Austernfischer und erst recht die in großen Kolonien brütenden Möwen, die Eindringlinge mit Flugattacken und lautem Geschrei zu verscheuchen.

Ein ganz anderes Verhalten zeigen einzeln brütende Enten oder Rebhühner, die einen Menschen bis auf einen halben Meter an sich herankommen lassen. Sie drücken sich ganz tief ins Nest und vertrauen auf ihre braun oder grau gemusterte Tarnfärbung. Dieses natürliche Schutzverhalten zeigen sie auch bei Annäherung eines Fuchses oder Marders, denn würden sie zu früh auffliegen, wäre das Gelege unweigerlich verloren. Solche Situationen bedeuten für die Vögel Extremstress, sie sind vollgepumpt mit Adrenalin und befinden sich im Dauerstreit der Impulse Schutz oder Flucht. Stress empfinden die Sturmmöwen auf dem Shell-Gelände inzwischen kaum noch, zumindest nicht beim Anblick der gewohnten »Blaumänner« – höchstens wenn die partout in ihre Nester sehen wollen.

Brütende Sturmmöwe

Bei unserem Gang über das Gelände entdeckten wir auch die Nester weiterer Möwenarten. Neben der häufigen Silbermöwe, deren klagende und jauchzende Rufe jeder Nordseeurlauber kennt, hatten sich dort auch Schwarzkopfmöwen niedergelassen – eine Rarität, die in Deutschland nur an wenigen weit verstreuten Stellen vorkommt. Auch Heringsmöwen, ausgesprochene Seevögel, brüten hier in wenigen Paaren. Anders als die Sturmmöwen zeigen sie noch das möwentypische Abwehrverhalten gegenüber Menschen. Insbesondere die Silbermöwen begnügten sich nicht mit Scheinangriffen: Stets mussten wir auf gezielte Schnabelhiebe gegen unsere Helme gefasst sein. Offenbar brüten sie noch nicht so lange auf dem Raffineriegelände wie die Sturmmöwen und haben sich an die blau uniformierten Arbeiter noch nicht gewöhnt. Gelegentlich verleihen sie ihrem Unmut über die Störung mit gezielten Kotbomben ganz besonderen Nachdruck. Doch auch wenn der blaue Overall abends mit weißen Flecken übersät ist, sind die mittlerweile jährlich stattfindenden Zählungen der Nester und Gelege ein ganz besonderes Erlebnis. Immer wieder kommt es dabei zu Überraschungen, wie im Frühjahr 2003, als wir sehr heftig von zwei Mantelmöwen attackiert wurden. Wieder und wieder flogen sie im Sturzflug furiose Scheinangriffe gegen

Sturm- und Schwarzkopfmöwe

unsere Köpfe, dabei verfehlten uns die mächtigen Schnäbel der beeindruckend großen Vögel oft nur um Zentimeter. Der Grund waren zwei stattliche Küken, die vergebens Deckung unter den Rohren neben einem Öltank suchten. Damit hatten wir den bisher einzigen Brutplatz der Mantelmöwe im mitteleuropäischen Binnenland entdeckt.

Die Zählung im Jahr 2005 ergab allein für das Gebiet der Raffinerie das beachtliche Ergebnis von 1489 Sturmmöwennestern und 155 Gelegen der Silbermöwe. Bei dieser Kontrolle fanden wir sogar ein Lachmöwengelege, ein Jahr später schon fünf. Das Besondere an diesem Fund ist das für diese Art sehr ungewöhnliche Bruthabitat. Denn die Lachmöwe nistet normalerweise an verschilften Seeufern oder an kleinen Gewässern in Moorgebieten und nicht auf Brachflächen. Im Gegensatz zu den anderen Möwenarten ist sie ursprünglich eine Möwe des Binnenlandes und hat die Küsten erst sekundär besiedelt. Der Name »Lachmöwe« leitet sich übrigens von ihrer Vorliebe für kleine, flache (Brut-)Gewässer, auch »Lachen« genannt, ab und nicht etwa von ihrer kreischenden Stimme –

im Gegensatz zur Lachseeschwalbe, deren Laute tatsächlich an menschliches Lachen erinnern.

Insgesamt brüten auf der Hohen Schaar weit mehr als 3000 Möwenpaare in sechs Arten, deren Kreischen fast den Lärm des umgebenden Hafenbetriebes übertönt.

MÖWEN IN HAMBURG

Ob im Hafen, an der Außenalster oder am Rathausmarkt – vor allem im Winterhalbjahr sind die Möwen in Hamburg allgegenwärtig. Am häufigsten ist die kleine **Lachmöwe**. Mit ihren roten Beinen, dem roten Schnabel und dem schokoladenbraunen Kopf ist sie unverkennbar. Diese markante Kopffärbung zeigt sie allerdings nur im Brutkleid, im Winter bleiben davon nur zwei dunkle Ohrflecken übrig. Lachmöwen brüten – von sehr seltenen Ausnahmen abgesehen – nicht in Hamburg. Sie sind vor allem Wintergäste, die überwiegend aus dem Ostseeraum und dem Baltikum zu uns kommen. An kleinen Parkteichen streiten sie sich mit Enten und Blässhühnern wild kreischend um jedes Bröckchen Brot. Ähnlich gefärbt sind die viel kleinere **Zwergmöwe** und die **Schwarzkopfmöwe**. Zwergmöwen sieht man vor allem im Spätsommer, wenn sie entlang der Elbe von ihren Brutgebieten in Osteuropa und Russland Richtung Nordsee fliegen, um dort auf dem offenen Meer zu überwintern. **Sturmmöwen** sind an ihren dunklen Augen und dem »freundlichen« Gesichtsausdruck leicht von der größeren gelbäugigen, »herrisch« blickenden **Silbermöwe** zu unterscheiden. Die ebenso große **Heringsmöwe** hat schwarze statt silbergraue Flügeldecken. Die größte europäische Möwenart – deutlich größer als ein Bussard – ist die **Mantelmöwe**, die wie eine riesige Heringsmöwe aussieht. Nach Herbststürmen kann man an der Elbe gelegentlich auch **Dreizehenmöwen** sehen. Als ausgesprochene Hochseevögel, die in Deutschland ausschließlich auf Helgoland brüten, werden sie nur ausnahmsweise ins Binnenland verdriftet. Regelmäßig lassen sich vor allem im Hafenbereich auch einzelne **Mittelmeer- und Steppenmöwen** beobachten, vorausgesetzt, man kennt die diffizilen Unterscheidungsmerkmale zur sehr viel häufigeren Silbermöwe. Erst vor wenigen Jahren erkannte man sie als eigene Arten, bis dahin galten sie als südliche beziehungsweise östliche Unterart der Silbermöwe.

Was diese einstigen Küstenbewohner ausgerechnet in den Hamburger Hafen lockt, ist das Angebot an ruhigen und sicheren Brutplätzen. In ihren ursprünglichen Brutarealen, den Sandstränden und Dünen an den Küsten von Nord- und Ostsee, sind sie mittlerweile durch Tourismus und Freizeitaktivitäten zu sehr gestört. Ruhe finden Möwen und andere Seevögel nur noch in ausgewiesenen und bewachten Natur- und Vogelschutzgebieten. Dort aber ist der Platz begrenzt, so dass sich einige anpassungsfähige Arten neue Lebensräume im Binnenland erschlossen haben, zu denen die robusten Möwen gehören. Flexibilität im Verhalten, Intelligenz und Lernfähigkeit ermöglichen es diesen Generalisten, sich unterschiedlichen Lebensräumen und Situationen anzupassen. Die Industriekulisse im Hamburger Hafen stört sie dabei nicht. Möwen sind Opportunisten und keine Ästheten. Auf der Hohen Schaar finden sie sichere Brutplätze, und Hunger leiden sie hier ebenfalls nicht. Die Ufersäume der Elbe, die Hafenbecken und die Schlickwattzonen im Blumensandhafen gleich nebenan bieten ein reiches Nahrungsangebot. Speziell die Sturmmöwen haben inzwischen sogar eine Vorliebe für die reifen Kirschen im Alten Land entwickelt, dem bekannten Obstanbaugebiet westlich des Hafens, wie an

Blumensandhafen

Naturparadies auf Zeit: Rodewischhafen

den ausgewürgten Speiballen, die im Sommer teilweise aus Kirschkernen bestehen, unschwer zu erkennen ist.

Die größte Gefahr für die Möwen auf dem Shell-Gelände geht von dem Wanderfalkenpaar aus, das seit 2004 an einem der beiden Kühltürme der Raffinerie brütet – inmitten einer nie versiegenden Nahrungsquelle. Die natürliche Wiederansiedlung dieses Greifvogels kam einer Sensation gleich, denn vor wenigen Jahrzehnten noch galt der pfeilschnelle Flieger in Deutschland als nahezu ausgerottet. In den Jahren 2004 und 2005 wurden jeweils drei Falkenküken in einem künstlichen Nistkasten flügge, 70 Jahre nach der letzten Wanderfalkenbrut auf Hamburger Gebiet. Inzwischen brüten weitere Paare an den Kraftwerken Tiefstack in Rothenburgsort und Wedel, ebenfalls in künstlichen Nisthilfen, und seit 2006

Blumensandhafen

sind die Falken auch wieder in der Hamburger City heimisch geworden.

Natürlich sind Industriegebiete nicht automatisch als wertvolle Rückzugsräume einzustufen. Das Shell-Gelände ist ein besonderer Glücksfall. Entscheidend für die bemerkenswerte Koexistenz von Industrie und Natur ist hier nicht zuletzt die Toleranz der Menschen. Die Brachflächen auf der Hohen Schaar zeigen uns die Bedeutung von Sonderstandorten, auf die so viele Arten angewiesen sind. Allerdings bleiben diese Flächen Paradiese auf Abruf, sie können jederzeit überbaut werden. So wurde 1993 das Gelände südlich des Zollamtes während der Brutzeit der Möwen als Abstellplatz für 900 fabrikneue Autos genutzt. In diesem Fall blieben die Vögel noch Sieger. Nicht nur, dass sie die Fahrzeuge als beliebten Ausguck benutzten und teilweise sogar darunter weiterbrüteten, sie verunzierten den Lack der Autos derart massiv mit ihrem Kot, dass auf eine weitere Nutzung der Möwenkolonie als Stellplatz verzichtet wurde. Doch über kurz oder lang wird die industrielle Nutzung auch diese letzten Freiflächen vereinnahmen. Ob es dann zu einem genauso harmonischen Miteinander von Menschen und Seevögeln kommen wird wie auf dem Shell-Gelände, bleibt abzuwarten.

Wanderfalke am Turm der Nikolaikirche

Urbane Felsbrüter

Mauersegler und Wanderfalken in der City

Wenn es Herbst wird in Hamburg, bekommen der Bürgermeister und seine Senatoren jeden Abend ungewöhnlichen Schlafbesuch. Ab Ende Oktober versammeln sich kurz vor Sonnenuntergang Dutzende, manchmal Hunderte kleiner unscheinbarer Vögel an der Fassade des Hamburger Rathauses. Dicht zusammengedrängt in Nischen und auf Simsen verbringen sie hier die Nacht. Die wenigen Passanten, die die Invasion überhaupt bemerken, werden sie für Spatzen halten. Doch es sind Berghänflinge, kleine Finkenvögel aus dem hohen Norden, die den Winter bei uns verbringen. Ihr Schlafquartier am Hamburger Rathaus ist einzigartig: Nirgendwo sonst in Mitteleuropa verbringen Berghänflinge die Nacht an einem Gebäude, noch dazu in der Innenstadt einer Millionenmetropole.

Bis Ende 2001 hatten sie ihr Nachtquartier an der mit Ornamenten verzierten Fassade des Kaufhauses Peek & Cloppenburg in der Einkaufsstraße Lange Mühren beim Hauptbahnhof. Der Ornithologe Bernhard Kondziella, der seit Jahren regelmäßig die Berghänflinge beobachtet, zählte dort schon bis zu 574 Tiere. Spätestens seit 1974 nutzten die Vögel die Kaufhausfassade als Schlafplatz. Dem blieben sie auch dann noch treu, als 1999 am gegenüberliegenden Karstadt-Sporthaus dröhnende Abrissarbeiten durchgeführt wurden, die über Wochen bis in die Nachtstunden hinein an den umliegenden Gebäuden regelrecht die Wände wackeln ließen.

Ein Teil der Vögel, so konnte Kondziella feststellen, hatte sich in dieser Zeit verzogen und offenbar einen ruhigeren Schlafplatz gefunden. Sonntags dann, wenn die Bauarbeiten ruhten, kamen die meisten von ihnen zum Kaufhaus zurück. Endgültig gaben die Berghänflinge auf, als im Herbst 2001 die Peek & Cloppenburg-Fassade eingerüstet und aufwendig restauriert wurde. Sie räumten ihr Quartier und waren zunächst spurlos verschwunden. Erst im Januar 2002 entdeckte ein anderer Vogelkundler den neuen Schlafplatz am Rathaus. Der vorweihnachtliche Trubel auf dem Rathausmarkt und die Beleuchtung der Rathausfassade machen ihnen offenbar nichts aus.

Den Tag verbringen die Vögel zusammen mit Girlitzen und anderen kleinen Finkenarten auf Brachflächen im Hafen. Auf der Suche nach Sämereien bewegen sie sich am Boden unauffällig und ruckartig, fast wie Mäuse, ein Verhalten, das typisch ist für Berghänflinge. Interessanterweise halten sich hier deutlich mehr Vögel auf als sich abends am Rathaus versammeln. Es muss also noch mindestens einen weiteren

Berghänflinge an der Fassade des Hamburger Rathauses

Mehlschwalbenkolonie im Wandelgang der Alsterarkaden

Schlafplatz geben, doch den haben Bernhard Kondziella und seine Kollegen bisher trotz intensiver Suche nicht ausfindig machen können. Bis Mitte der 1980er Jahre waren Berghänflings-Schlafplätze an Gebäuden auch aus anderen Städten wie Bremen, Berlin und Magdeburg bekannt. Doch wurden sie aus unbekannten Gründen alle aufgegeben. In dieser Hinsicht stellt das Hamburger Rathaus also eine bemerkenswerte Ausnahme dar.

Für viele andere Vogelarten sind Gebäudefassaden nicht nur Schlaf-, sondern auch Brutplätze. Im Wandelgang der Alsterarkaden in der Nähe des Rathauses hat sich unter dem Gebäudesims eine Mehlschwalbenkolonie angesiedelt, nicht unbedingt zur Freude der Geschäftsinhaber. Denn die Jungschwalben scheren sich im Sinne des Wortes einen Dreck um gutes Benehmen und lassen ihren Kot einfach aus dem Nest fallen. Dabei werden auch schon mal Tische, Stühle oder Passanten bekleckert. Obwohl die Schwalben streng geschützt sind, werden deswegen immer wieder Nester entfernt. Auch in den Ecken der Fensternischen von Bürogebäuden entlang des Alsterfleets nisten Mehlschwalben. Mit insgesamt etwa 80 bis 90 Paaren ist diese Innenstadtkolonie neben einer ähnlich kopfstarken Ansiedlung unter einer Förderband-Metallkonstruktion am Blumensandhafen das größte Brutvorkommen der Mehlschwalbe in Hamburg.

Mauersegler

Ansonsten sind Schwalben in innerstädtischer Umgebung sehr selten geworden. In Hamburg trifft man sie hauptsächlich in den dörflichen Siedlungsbereichen des Alten Landes und der Vier- und Marschlande. Das gilt ganz besonders für die ausschließlich im Inneren von Gebäuden brütende Rauchschwalbe. Aber auch die Mehlschwalben, die ihre Nester geschützt unter Dachüberständen stets außen an die Hauswände kleben, haben trotz der Vielzahl geeigneter Fassaden in der Stadt ein Problem: Ihre halbkugeligen Nester bestehen aus feuchtem Lehm oder Schlamm, der, mit Speichel vermischt und anschließend getrocknet, zu einem festen Material aushärtet. Die Vögel sind daher auf matschige Pfützen angewiesen, aus denen sie dieses Baumaterial holen können. Kein Problem auf dem Dorf, aber in der mit Asphalt und Gehwegplatten versiegelten Innenstadt nirgendwo zu finden. Dafür haben die Schwalben an den Alsterarkaden eine andere Quelle: die Alsterschleuse am Rathaus. Immer wenn ein Schiff zur Durchschleusung einfährt, fällt beim Absenken des Wasserstandes an den Rändern des Schleusenbeckens der schlammige Grund in schmalen Streifen trocken – genug, um die ganze Kolonie mit Baumaterial zu versorgen. Auch aus Dachrinnen wird der begehrte Schlamm gesammelt. Nahrung finden die Vögel an Alster und Alsterfleet ebenfalls im Überfluss. In elegantem Flug fangen sie Zuckmücken, Eintagsfliegen und andere Insekten über dem Wasser. Ihr leuchtend weißer Bürzel hebt sich dabei kontrastreich vom völligen Blauschwarz der Oberseite ab.

Schwalben sind schnelle und gewandte Flieger, doch mit den Flugkünsten des Mauerseglers können sie sich nicht messen. Ob über der Mönckebergstraße oder dem Gänsemarkt, plötzlich sind sie da, und ihr schrilles »Sriieh-sriiieh« ist trotz des Verkehrslärms unüberhörbar. In halsbrecherischen Flugmanövern jagen sie durch die Häuserschluchten, schrammen in reißendem Flug nur um Zentimeter an Hausmauern und Dachecken vorbei und drehen in lärmender Verfolgungsjagd Runde um Runde um die Häuserblocks. Mauersegler sind die perfektesten Flieger unter allen heimischen Vogelarten. Mehr noch als Schwalben sind sie typische Stadtbewohner. Wegen ihrer Vorliebe für hohe Gebäude werden sie auch Turmschwalben genannt, sind aber tatsächlich mit Schwalben nicht verwandt und gehören nicht einmal zu den Singvögeln. Die nächsten Verwandten der Segler sind die Kolibris, die im Schwirrflug den Nektar aus den Blüten holen, wohingegen die Mauersegler sich ausschließlich von fliegenden Insekten ernähren.

MAUERSEGLER

Wie kein anderer Vogel unserer Heimat ist der Mauersegler an ein Leben in der Luft angepasst. Er fliegt bis zu 180 Stundenkilometer schnell und bis zu 3000 Meter hoch. Fressen, Trinken, Baden – alles erledigt er fliegend. Er schläft im Fluge in großer Höhe segelnd, und sogar die Paarung findet in der

Luft statt. Nur zum Brüten braucht auch der Mauersegler festen Boden unter den winzigen Füßen, die zum Laufen nicht taugen. Als Fluginsektenjäger ist er extrem wetterabhängig. Denn bei schlechtem Wetter verkriechen sich Mücken, Fliegen, Blattläuse und Käfer, und die Nahrung wird knapp. Immerhin muss ein Elternpaar täglich bis zu 20 000 Fluginsekten für seine zwei bis drei hungrigen Jungen heranschaffen. Mauersegler verfügen daher über eine Überlebensstrategie, die in der heimischen Vogelwelt einzigartig ist: Die erwachsenen Vögel weichen aufziehenden Schlechtwetterfronten über Hunderte von Kilometern aus und lassen währenddessen ihren Nachwuchs tagelang allein. Um nicht zu verhungern, senken die Jungen ihre Körpertemperatur ab und fallen in eine Art Kältestarre. Auf diese Weise können sie fast zwei Wochen überleben, bis die Altvögel zurückkehren und ihnen bis zu 800 Futtertiere auf einmal in den Schlund stopfen.
Acht Wochen kann es dauern, bis die jungen Mauersegler endlich flügge sind. In den letzten Tagen vor dem Ausfliegen lassen die Eltern sie einfach allein. Wenn die Jungvögel das Nest verlassen, sind sie sofort selbstständig. Das Fliegen ist ihnen angeboren. Bereits ab Anfang August ziehen die Mauersegler in Richtung Afrika. Dort durchstreifen sie den Luftraum, ohne je den Boden zu berühren. Erst nach zwei Jahren, wenn die Vögel geschlechtsreif geworden sind, werden sie in die Nähe ihres Geburtsortes zurückkehren, um zu brüten. Dann, nach etwa 380 000 Flugkilometern, werden sie zum ersten Mal in ihrem Leben landen – eine Leistung, mit der die Vögel nonstop zum Mond fliegen könnten.

Anfang bis Mitte Mai kehren die Mauersegler aus ihren Winterquartieren im südlichen Afrika zu uns zurück. Mit untrüglicher Sicherheit und Präzision finden sie ihr Nest vom Vorjahr wieder. Das liegt in tiefen Mauerritzen und -spalten, in Hohlräumen unter Dachpfannen oder hinter Wandverkleidungen hoher Gebäude. Der Mauersegler ist also wie die Schwalben ein echter Kulturfolger des Menschen und gehört zu den Charaktervögeln der Innenstadt. Ungefähr 85 Brutpaare leben rund um die Hauptkirche St. Petri. Insgesamt wurden in Hamburg 5400 Paare ermittelt. Auf der Suche nach Nahrung tauchen die Vögel überall im Stadtgebiet auf und fliegen auch oft weite Strecken bis ins Umland. Außer durch ihre spektakulären Flugkünste fallen die Mauersegler kaum auf. Aus blitzschnellem Flug heraus huschen sie in ihre Brutnischen, und anders als bei den Schwalben finden sich an den Fassaden auch keinerlei Kotspuren, weil die Altvögel den von den Jungen im Nestbereich abgesetzten Kot unverzüglich entfernen.

Obwohl Mauersegler perfekt an ein Leben in der Großstadt angepasst sind, leiden sie heutzutage wie Spatzen und andere Gebäudebrüter zunehmend unter Wohnungsnot. Wenn bei Gebäudesanierungen zur Wärmedämmung sämtliche Spalten und Hohlräume an den Fassaden versiegelt werden, gehen gleichzeitig zahllose, oftmals jahrelang genutzte Brutplätze für die Mauersegler verloren. Durch eingemauerte Niststeine oder spezielle Nistkästen kann für Ersatz gesorgt werden. Damit die Vögel die Ersatzquartiere auch annehmen, müssen diese rechtzeitig in unmittelbarer Nähe der bisherigen Neststandorte angebracht werden. Denn Mauersegler sind sehr brutorttreu, auch die Jungvögel siedeln sich bevorzugt in der Nähe ihres Geburtsortes an, am liebsten dort, wo schon Artgenossen leben. Da besonders an schadhaften Gebäuden oft mehrere Dutzend Paare der geselligen Vögel brüten, können Sanierungsmaßnahmen eine ganze Kolonie heimatlos machen. Völlig irritiert fliegen die Vögel dann immer und immer wieder an der Fassade oder der Dachkante entlang und suchen vergeblich den nicht mehr vorhandenen Einschlupf. Das kann Tage oder gar Wochen so gehen, und meist kommt es nicht mehr zur Brut, weil sie so schnell kein neues Quartier finden.

Weniger Probleme bei der Suche nach geeigneten Nistplätzen hat der Hausrotschwanz, ein kleiner Singvogel, der auf der anderen Seite des Hauptbahnhofs, im Stadtteil St. Georg, noch recht häufig vorkommt. In Mauernischen oder in kleinen Öffnungen unter dem Dachfirst legt er sein Nest an, ist aber durchaus nicht wählerisch: So wurden Nester auch schon in Lücken von Containerstapeln im Hafen gefunden. Frühaufsteher haben am ehesten die Chance, seinen quietschend-knirschenden Gesang zu hören. Vor Sonnenaufgang singt das rußschwarze Männchen unablässig seine einfache Strophe, um seinen Revieranspruch kundzutun und eines der düster graubraun gefärbten Weibchen anzulocken. Farbig ist nur der rote Schwanz, der dem Vogel seinen Namen gab. Als Jugendlicher war ich sehr überrascht, als ich während eines Ferienaufenthalts in den Alpen hoch oben im Gebirge in einer Felswand einen Hausrotschwanz entdeckte, den ich bis dahin nur aus der Stadt kannte. Damals wusste ich noch nicht, dass dieser Lebensraum seine ursprüngliche Heimat ist. Unser Hausrotschwanz ist also eigentlich ein Bergrotschwanz. Auch Mauersegler, Mehlschwalben und einige andere typische Innenstadtbewohner sind Felsbrüter. Türme, Hochhäuser und mehrstöckige Wohnblocks sind für diese Vögel nichts anderes als Kunstfelsen und die Häuserschluchten der Großstadt eine künstliche Gebirgslandschaft, die ihnen neue Lebensräume auch im norddeutschen Flachland erschloss.

Vollständig auf den Lebensraum Stadt angewiesen ist ein anderer ursprünglicher Felsbrüter, die Stadttaube. Sie stammt von der Felsentaube ab, die noch heute wild in Berg-

Stadttauben

regionen Südeuropas und an schroffen Klippen der Britischen Inseln lebt. Bereits vor etwa 3000 bis 4000 Jahren begann der Mensch die wilde Felsentaube zu domestizieren und züchterisch zu verändern. So entstanden verschiedene Farbschläge, Typen und Rassen, die wieder verwilderten und zu den heutigen Stadttauben wurden. Farblich variieren die Straßentauben sehr stark. In Hamburg gibt es neben wildfarbenen Tieren, gekennzeichnet durch einen scharfen Kontrast zwischen hellgrauem Rücken und schiefergrauem Kopf und Leib, auch schwarze, graublaue, rötliche und weiß gescheckte Farbtypen mit vielen Übergängen. Die verschiedenen Varianten sind in den einzelnen Stadtbezirken teilweise sehr unterschiedlich vertreten. Untersuchungen haben gezeigt, dass im Hafen und in cityferneren Stadtteilen schwarze, im Stadtzentrum dagegen blau und dunkel gemusterte Tauben

Stadttaube

dominieren. Der im Vergleich zu anderen Städten außergewöhnlich hohe Anteil schwarzer Exemplare ist ein Indiz dafür, dass sich die Taubenpopulationen einzelner Städte genetisch eigenständig entwickeln, sich also nicht stadtübergreifend vermischen, denn sonst müssten schwarze Tauben in anderen Städten mit ähnlicher Häufigkeit vorkommen. Möglicherweise trifft das sogar auf einzelne Taubenpopulationen innerhalb Hamburgs zu, was die auffällige Variantenverteilung zwischen einzelnen Stadtbezirken erklären könnte. In jedem Fall unterscheiden sich Stadttauben in ihrem Erbgut bereits deutlich von der Wildform, mit der sie sich allerdings nach wie vor fruchtbar kreuzen können. Im Falle einer vollständigen genetischen Isolation von der ursprünglichen Felsentaube könnten sich die Stadttauben in einigen Hundert Jahren zu einer eigenständigen Art entwickeln.

Im Gegensatz zu anderen typischen Stadtvögeln wie Amsel, Kohlmeise und Stockente oder Mehlschwalbe und Mauersegler, die sämtlich auch in der freien Landschaft vorkommen, gibt es Stadttauben ausschließlich in der Stadt. Nur selten fliegen kleinere Schwärme noch hinaus auf umliegende Felder, um dort nach Getreidekörnern zu suchen. Ansonsten haben sich die Tauben völlig auf den Menschen und seine Nahrungsabfälle eingestellt. Sie fressen nahezu alles, was ihnen vor den Schnabel kommt und halbwegs genießbar erscheint, von Brot und Kuchenresten bis zu Currywurst und Pommes mit Ketchup. Wie sie als ursprüngliche Körnerfresser mit einer solchen Kost zurechtkommen, bleibt ein Rätsel. In jedem Fall finden sie genügend Nahrung und werden zudem noch von Menschen gefüttert. Diese Form der Tierliebe jedoch schadet den Vögeln mehr, als dass sie ihnen nützt. Denn durch übermäßige Fütterung vermehren sich die Tauben stark, und auch schwache und kranke Vögel überleben. Dadurch können sich Parasiten und Krankheiten leicht in der gesamten Population ausbreiten und zu großen Verlusten führen. Viele Tauben bedeutet aber auch viel Taubenkot, nicht nur auf Straßen und Plätzen, sondern auch auf Balkons und Fenstersimsen, die von den Vögeln gerne als Nistplätze genutzt werden.

Große Taubenansammlungen etwa um den Hauptbahnhof oder auf dem Rathausmarkt täuschen leicht über ihre Gesamtzahl hinweg, da die Vögel sich im dicht bebauten Stadtbereich konzentrieren und in den stark durchgrünten Außenbezirken und den naturnahen Lebensräumen praktisch völlig fehlen. Tatsächlich ist Hamburg im Vergleich zu anderen Städten eher eine taubenarme Stadt. Eine Zählung ergab rund 10 600 Paare, zusammen mit den Jungvögeln insgesamt etwa 25 000 Vögel. Von einer generellen Taubenplage kann in Hamburg also keine Rede sein. Auch die angeblichen Gesundheitsgefahren für den Menschen werden oft überschätzt. Wenn allerdings in der Wandelhalle des Hauptbahn-

Haussperling

hofs Tauben quer durch die »Gourmet Station« fliegen und dabei fast in der Pizza landen, spottet das allen Hygienevorschriften.

Bis in die 1970er Jahre hinein gehörten auch Spatzen zum festen Vogelbestand um den Hauptbahnhof, heute sind sie aus dem gesamten Gebiet zwischen Bahnhof und Rathausmarkt völlig verschwunden. Auch im benachbarten St. Georg, wo es eigentlich noch genügend Nistmöglichkeiten in schadhafter Bausubstanz gibt, ging ihre Zahl zurück. 1983 wurden auf einem Quadratkilometer noch 295 Haussperlinge gezählt, zehn Jahre später waren es noch 117, und im Frühjahr 2002 konnten gerade noch 34 Spatzenreviere, also knapp 70 Vögel, festgestellt werden. Noch bis in die 1960er Jahre wurden Spatzen als so genannte Ernteschädlinge bekämpft und jährlich Zehntausende mit vergiftetem Weizen getötet. Doch nicht diese brutalen Vernichtungsaktionen haben den Bestand dezimiert. Der dauerhafte Rückgang begann erst im Verlauf der 1970er Jahre. Insgesamt ist die Spatzenpopulation in Hamburg in den letzten 30 Jahren um rund die Hälfte geschrumpft. Ähnliche Bestandseinbußen werden auch aus anderen Städten gemeldet, etwa aus Frankfurt und London. Es dauerte erstaunlich lange, ehe Vogelkundler und Naturschützer diese Entwicklung überhaupt bemerkten. Spatzen waren offensichtlich zu häufig und zu selbstverständlich, als dass man sich mit ihnen beschäftigen wollte. Und als man es schließlich tat, stellte man fest, dass über Spatzen viel weniger bekannt war als über seltene und bedrohte Vogelarten wie Weißstorch und Seeadler.

Für den Spatz ist die Großstadt zunehmend ein hartes Pflaster geworden, was wörtlich zu verstehen ist. Als ursprünglicher Steppenbewohner ist er auf offene Sandflächen angewiesen, in denen er ausgiebige Staubbäder nehmen kann. Auch zu viel Schatten scheint er nicht zu mögen, denn überall dort, wo in Gärten und Parks hohe Bäume aufwachsen, verschwindet er. Vorbei die Zeiten, wo Spatzen im Stadtpark Kuchenkrümel vom Tisch stibitzten. Dichte Hecken und Gebüsch sowie üppiges Fassadengrün gehören zu den beliebten Schlaf- und Versammlungsplätzen der Vögel. Durch den rigorosen Rückschnitt, der in Grünanlagen und Parks regelmäßig vorgenommen wird, wird den Spatzen ein wichtiger Bestandteil ihres Lebensraums genommen. Hauptgrund für den starken Rückgang der Spatzen ist aber das fehlende Nahrungsangebot zur Brutzeit. Das jedenfalls zeigen Forschungsergebnisse des Biologen Simon Bower, der eine Spatzenpopulation in der Umgebung des Zoologischen Instituts der Universität Hamburg zwischen Bundesstraße und Grindelallee untersuchte. Wie alle jungen Singvögel sind auch Spatzen in den ersten Lebenstagen auf Insektenkost angewiesen. Raupen, Fliegen, Käfer und Spinnen finden die fütternden Elternvögel zum Beispiel auf verwilderten Grundstücksbrachen. Doch solche ungenutzten Flächen sind rar geworden, und in der eng bebauten Kernstadt sind Insekten erst recht Mangelware. Allenfalls Blattläuse und winzige Wegameisen sind hier zu finden, eine dürftige Speise für hungrige Spatzenkinder. Vor allem zu Beginn der Brutperiode im Frühjahr herrscht den Untersuchungen Bowers zufolge im städtischen Bereich ein akuter Nahrungsengpass, so dass viele Nestlinge verhungern.

Spatzen begleiten den Menschen nachweislich seit der Zeit, als er vom Jäger und Sammler zum sesshaften Ackerbauern wurde. Als Körnerfresser profitierten sie von dem beginnenden Getreideanbau. Seitdem hat dieser kleine Vogel, der heute ausschließlich im Gefolge des Menschen lebt, fast die ganze Welt erobert. Sein weltweiter Bestand wird auf etwa 500 Millionen Vögel geschätzt. Ermöglicht wurde der Eroberungszug des unscheinbaren Vogels durch seine enorme Anpassungs- und Lernfähigkeit, verbunden mit einer hohen Fortpflanzungsrate. Spatzen sind einerseits frech, wenn sie auf der Caféterrasse zwischen den vollbesetzten Tischen herumhüpfen, um einen Happen zu ergattern. Andererseits bleiben sie immer wachsam und misstrauisch. Beispiele für ihre erstaunliche Intelligenz und Lernfähigkeit gibt es viele: So wurden Spatzen beobachtet, die über Tage kleine Steinchen von einem Flachdach auf eine schräg stehende Klapptür warfen und dem entstehenden Geräusch lauschten. An einer Bushaltestelle öffneten Spatzen durch Flattern vor dem Fotosensor die automatische Tür zum Warteraum, um hineinzugelangen. Ähnlich wie Meisen lernen Spatzen, Milchflaschen zu öffnen, um den Rahm zu naschen, und sie weichen hartes Brot in Wasser ein, um leichter kleine Stücke herauspicken zu können. Sie folgen zum Baden dem rotierenden Strahl von Rasensprengern und fliegen zum Trinken in 20 Meter tiefe Brunnen.

Auch in ihren Brutgewohnheiten haben die Spatzen sich angepasst. Ursprünglich bauten sie wie die afrikanischen Webervögel, mit denen sie verwandt sind, frei stehende Kugelnester in Bäumen. In manchen Gegenden der Welt tun sie das heute noch, auch in Hamburg habe ich einmal ein Kugelnest gefunden. Normalerweise aber legen sie ihr stets etwas liederlich wirkendes Nest in Mauerlöchern, unter Dachpfannen, hinter Regenfallrohren oder in dichter Fassadenbegrünung an. Die modernen glatten Hausfassaden bieten ihnen aber kaum noch ausreichend Brutmöglichkeiten. In Berlin etwa ging der Bestand mit der Sanierung der Plattenbausiedlungen im Ostteil der Stadt rapide zurück. Etwas besser ist es um den nah verwandten Feldsperling bestellt, der insgesamt seltener ist als der Haussperling. Er ist nicht so sehr auf den Menschen angewiesen und lebt auch außerhalb des Siedlungsraumes, etwa in Feldgehölzen und an Waldrändern mit angrenzenden Feldern. In Hamburg ist er hauptsächlich in Kleingartenanlagen verbreitet, wo er in Meisenkästen brütet. Im Innenstadtbereich kommt der Feldsperling überhaupt nicht vor.

Das Verschwinden der Spatzen ist wahrscheinlich auch ein wesentlicher Grund dafür, dass die für die Hamburger Innenstadt früher so typischen Turmfalken heute selten geworden sind. Ursprünglich ein Mäusejäger, hat sich der Turmfalke in der Stadt auf Kleinvögel spezialisiert. Dafür tauchte völlig überraschend der sehr viel seltenere Wanderfalke wie-

Wanderfalke

der auf, der hier bereits vor 1900 als Brutvogel verschwunden war. Seit 2005 hält sich ein Paar regelmäßig am Turm der Hauptkirche St. Nikolai auf und hat 2006 dort erstmals drei Junge großgezogen. Im Hafen brüten Wanderfalken schon seit einigen Jahren erfolgreich. Während in anderen Städten wie in Köln gezüchtete Vögel ausgewildert wurden, kehrten die Hamburger Wanderfalken aus freien Stücken zurück. Gelegentlich kann man sie bei der Jagd auf Stadttauben, Elstern und Möwen beobachten. Sie sind die schnellsten Jäger unter allen Greifen und erreichen im Sturzflug Geschwindigkeiten von mehr als 240 Stundenkilometern. Die anvisierte Beute, ausschließlich fliegende Vögel, wird dabei regelrecht aus der Luft gerammt. Kleinere Vögel werden allein schon durch den Aufprall getötet, größere zumindest betäubt. Der Falke braucht sie anschließend nur noch zu greifen und durch einen Biss mit dem starken Schnabel in den Schädel zu töten.

Junge Turmfalken

Nahrung und Brutplätze gibt es in Hamburg genug, so dass hier hoffentlich bald wieder mehr Wanderfalken brüten werden.

Wanderfalke

Wasservögel auf der Binnenalster

Alstervergnügen

Eisvögel und Schwäne an Fluss und See

Die Alster in Hamburg, das ist für die meisten Einheimischen wie Touristen ausschließlich die einmalige Wasserlandschaft der Binnen- und Außenalster in der Innenstadt. Die beiden seenartigen Gewässer sind jedoch nur ein kleiner Teil eines Flusslaufes, der von der Quelle bei Henstedt-Rhen im Kreis Segeberg bis zur Mündung in die Elbe am Baumwall fast 60 Kilometer zurücklegt.

Von der Binnenalster angefangen kann man direkt am Fluss entlang wandern und dabei einer der wichtigsten Hamburger Grünachsen folgen, die vom Stadtzentrum bis in die Feuchtwiesenlandschaft der Oberalsterniederung führt. Der erste Abschnitt des Alsterlaufes von der Krugkoppelbrücke am Nordende der aufgestauten Außenalster bis zum Ratsmühlendamm ist kanalisiert. Dort, nahe der U-Bahn-Station Klein-Borstel, beginnt der Alsterwanderweg – einer der schönsten Wanderwege Hamburgs, der kaum von Straßen und Siedlungsbereichen zerschnitten ist. Er begleitet die Alster an ihrem mittleren Abschnitt flussaufwärts über eine Strecke von mehr als 25 Kilometern bis ins schleswig-holsteinische Kayhude.

Im Teetzpark, etwa einen Kilometer vom Ratsmühlendamm entfernt, wachsen auf feuchtem Boden rund um einen malerischen Teich bruchwaldartige Bestände von Schwarzerlen, und auch im weiteren Verlauf des Wanderweges Richtung Norden säumen immer wieder Erlenbruchwälder den

Fluss, die in ihrer Urwüchsigkeit die Großstadtumgebung fast vergessen lassen. In dieser Wildnis setzen ab Mitte Mai die auffälligen gelben Blüten der Wasserschwertlilie farbige Akzente. In den unteren Etagen des Waldes windet sich ein heimischer Verwandter von Tomate und Kartoffel empor, der Bittersüße Nachtschatten. Aus den kleinen violetten Blütenkelchen mit den sattgelben Blütenstaubbeuteln werden später im Jahr giftige rote Beeren.

Bruchwälder sind einzigartige Wälder, die auf ständig nassen Böden wachsen. Vor allem im Frühjahr stehen die Bäume oft wochenlang im aufsteigenden Grundwasser. Nur die Schwarzerle, die hier natürliche Monokulturen bildet, kommt mit diesen extremen Bedingungen zurecht. Deshalb findet man sie vor allem am Ufer von Bächen und Flüssen, wo sie eine ökologische Schlüsselrolle einnimmt. Erlen sind im Gegensatz zu allen anderen Bäumen in der Lage, selbst vollständig mit Wasser durchtränktes Erdreich tiefgründig zu durchwurzeln. Sie sorgen so für eine natürliche Uferbefestigung – eine Eigenschaft, die sich inzwischen auch Wasserbauingenieure zunutze machen. Wo die hydrologischen Verhältnisse es zulassen, werden heute vielfach Erlen gepflanzt, anstatt die Ufer mit Steinpackungen oder hölzernen Bohlenwänden zu sichern. Selbst wenn die Wurzeln vom fließenden Wasser unterspült werden, bieten sie immer noch verlässlichen Halt, weil sie tief in den nassen Untergrund wachsen. In dem dichten Wurzelgeflecht finden zahlreiche Tiere Schutz und Nahrung, Jungfische ebenso wie die Larven von Eintags-, Stein- und Köcherfliegen und andere kleine Bachbewohner. Die Baumkronen beschatten das Wasser und verhindern eine zu starke Erwärmung, die den an kühlere Temperaturen angepassten Bachorganismen schaden könnte. Und schließlich

Alsterwanderweg

spielt das Erlenlaub eine entscheidende Rolle für das Ökosystem von Bächen und kleinen Flüssen wie der Alster. Die stickstoffreichen Erlenblätter, von denen ein Teil bereits im Sommer von den Bäumen ins Wasser fällt, sind die - Nahrungsbasis für Wasserasseln, Bachflohkrebse und andere Kleinlebewesen, von denen wiederum die Fische leben. Denn als einziger sommergrüner Baum wirft die Erle ihre Blätter in grünem Zustand ab, baut also das Blattgrün (Chlorophyll) nicht ab. Der darin enthaltene Stickstoff – lebenswichtig für den Eiweißstoffwechsel aller Tiere und Pflanzen – bleibt erhalten und wird an die Umgebung abgegeben. Für die meisten Pflanzen ist Stickstoff ein Mangelfaktor und muss in Landwirtschaft und Gartenbau in Form von Dünger zugeführt werden. Die Erle aber kann sich den Luxus der Stickstoffverschwendung leisten, denn sie beherbergt in so genannten Wurzelknöllchen spezielle Bakterien, die ihr den benötigten Stickstoff als Nitrat liefern und die dafür als Gegenleistung mit Kohlenhydraten versorgt werden.

Diese ökologische Multifunktion der Erle ist in Gefahr. Seit 1993 sterben in vielen Regionen, auch in Hamburg, viele ehemals vitale Bäume ab. Verursacher dieses Baumsterbens ist ein hochaggressiver Phytophtora-Pilz, der offenbar durch natürliche Kreuzung zweier für die Erlen vorher unbedeutender Krankheitserreger entstanden ist – ein genetisches Experiment der Natur mit fatalen Folgen, die uns die Risiken der Gentechnik vor Augen führen. Um dieses neuartige Erlensterben einzudämmen, wurden bis Ende 2005 allein am Alsterlauf zwischen der Illiesbrücke in Hummelsbüttel und der Wohldorfer Schleuse rund 300 befallene Bäume entfernt.

Über lange Strecken liegt der Fluss im Schatten mächtiger Eschen, Weiden, Eichen und Ahorne. An besonders engen Stellen des Talraums fließt die Alster wie durch einen grünen Tunnel. Weiter flussaufwärts, etwa ab Poppenbüttel, wird das Landschaftsbild noch abwechslungsreicher: Links und rechts der Alster ragen steile Uferhänge auf, die mit alten Rotbuchen und Eichen bestanden sind. Mit seinen Uferabbrüchen, Auskolkungen, zahlreichen Windungen, Strudeln und strömungsberuhigten Abschnitten macht der schmale Fluss hier einen sehr naturnahen Eindruck, doch vom Menschen unbeeinflusst ist er keineswegs. Verschiedene Schleusenbauwerke und Alsterstaue wie etwa die Poppenbütteler und die Mellingburger Schleuse, heute als Kulturdenkmäler gepflegt, legen Zeugnis davon ab, dass bereits im Mittelalter Teile des Flusses aufgestaut wurden, um ihn schiffbar zu machen.

DIE ENTSTEHUNG DER ALSTER

Die Gletscher der letzten Eiszeit hatten am nordöstlichen Rand des heutigen Hamburg Erde und Gestein zu einem mächtigen Moränenwall aufgehäuft. Dahinter bildete sich beim allmählichen Abschmelzen des Eisschildes ein gigantischer Eisstausee. Das aufgestaute Wasser bahnte sich eine Abflussrinne durch den natürlichen Damm, in der das Gletscherwasser zum Urstromtal der Elbe abfloss. Das war die Geburtsstunde der Alster. Im Laufe der Zeit schnitt sich der Fluss immer tiefer in die eiszeitlichen Sanderflächen ein – deswegen säumen heute steile Hänge das mittlere Alstertal.

Gelegentlich kann man entlang des Alsterwanderweges frei lebende Papageien entdecken, die durch ihr kreischendes »Kii-ak« auf sich aufmerksam machen. Halsbandsittiche, die ursprünglich aus Indien stammen, sind in vielen deutschen Städten, etwa in Köln, Wiesbaden oder Stuttgart, zu finden und werden inzwischen als heimische Art in jedem Vogelbestimmungsbuch geführt. Zum Teil stammen sie von entflogenen Käfigvögeln ab, zum Teil wurden sie auch gezielt ausgesetzt. Trotz ihrer tropischen Heimat gelten sie als winterhart, immerhin besiedeln sie dort noch die klimatisch gemäßigte untere Bergregion des Himalaja. In Hamburg haben die Halsbandsittiche nie eine größere Population aufbauen können, heute sieht man – wenn überhaupt – nur noch Einzelvögel oder sehr kleine Scharen. Bruten sind in den letzten Jahren nicht mehr bekannt geworden. Vielleicht sagt ihnen das eher feucht-kühle Hamburger Wetter auf Dauer doch nicht zu, vielleicht hat sich aber auch ein Habicht auf die auffällig grün gefärbten Vögel spezialisiert und den kleinen Bestand dezimiert.

Mit seinem exotisch bunten Federkleid wirkt auch der Eisvogel wie ein Bewohner der Tropen, gehört aber zu unseren heimischen Arten. An den Steilufern der Alster und ihrer Nebenbäche findet er genügend Möglichkeiten, seine Brutröhre tief in den lehmigen Sand zu graben. Die Bezeichnung »fliegender Edelstein« verdankt er seinem türkisblauen Rückengefieder, das in der Sonne aufblitzt und funkelt, wenn er mit schrillen Pfiffen dicht über dem Wasser dahinfliegt. Mit etwas Glück kann man ihn beim Fischen beobachten. Auf einem überhängenden Ast sitzend, hält er nach Beute Ausschau. Hat er eine passende Beute erspäht, stürzt er sich kopfüber wie ein Stein ins Wasser, um kurz darauf mit einem Fischchen im Schnabel wieder aufzutauchen. Noch vor zwei Jahrzehnten war der Eisvogel in Hamburg eine ausgesprochene Rarität. Das Brutvorkommen gleich mehrerer Paare an den Alsternebenbächen Furt- und Saselbek im Naturschutzgebiet Hainesch/Iland führte dazu, dass diese Fläche zwischen Bergstedt und Poppenbüttel 1982 als Europäisches Vogelschutzgebiet angemeldet wurde, als eines der ersten Schutzgebiete dieser Kategorie in der Hansestadt überhaupt.

Im bitterkalten, lang andauernden Schneewinter 1978/79 brach die Eisvogelpopulation in ganz Norddeutschland fast vollständig zusammen. Denn trotz seines Namens sind vereiste Gewässer für den Vogel, der auch im Winter in heimischen Gefilden bleibt, der sichere Tod. Sein Bestand erholte sich danach nur langsam, weil naturnah ausgeprägte Bäche mit sauberem Wasser – Voraussetzung für ein ausreichendes Nahrungsangebot – und mit Steilufern, in denen er seine Brut großziehen kann, zunehmend verschwanden. Lebendige Fließgewässer wurden in begradigte, mit Beton verbaute und ökologisch weitgehend verödete Vorfluter verwandelt, deren einzige Aufgabe darin besteht, Wasser möglichst rasch abzuführen. In diesen Abflussrinnen, teilweise sogar in Rohren unter die Erde gelegt, kann kein Fisch, kein Wasserinsekt leben. Hier sucht man auch den Eisvogel vergeblich. Der naturnahe Alsterlauf und seine Nebengewässer bieten ihm dagegen hervorragenden Lebensraum. Mittlerweile gibt es in Hamburg wieder rund 50 Brutpaare des Eisvogels, der sich immer weiter in den eigentlichen Stadtbereich vorwagt. So kann man ihm heute beispielsweise wieder an der Wandse in Tonndorf oder an der Seebek mitten in Bramfeld begegnen, auch am Goldbekkanal hat er schon erfolgreich gebrütet, zwischen den Steinen der Uferbefestigung. Selbst Gartenteiche besucht er gelegentlich. Ein Eisvogel wurde in einem Garten beobachtet, wie er eine Wäscheleine als Ansitz benutzte, um von dort zur Jagd auf kleine Fische im Teich zu starten.

Grund der positiven Bestandsentwicklung ist zum einen die globale Klimaerwärmung, die zunehmend milde Winter bewirkt, die wiederum die Wintersterblichkeit der Eisvögel reduzieren. Zum anderen werden inzwischen verstärkt Anstrengungen unternommen, verbaute Fließgewässer in der Stadt zu renaturieren, wobei die Wiederherstellung eines halbwegs natürlichen Zustandes nur in Teilbereichen möglich sein wird.

Eisvogel

RENATURIERUNG VON BÄCHEN

Bis 2010 sollen in der Wandse wieder Bachforellen leben können. Das jedenfalls ist das Ziel des Projektes »Forelle 2010«, das vom Bezirksamt Wandsbek, dem Umweltverband BUND und privaten »Bachpaten« durchgeführt wird. Dort, wo es möglich ist, werden Uferbefestigungen und Betonsohlen entfernt, Feldsteine und Kies eingebracht sowie Sohlabstürze und Verrohrungen, die die bachaufwärts gerichtete Wanderung von Fischen und Kleinlebewesen verhindern, durch naturfreundlichere Lösungen ersetzt. Auch an der Seebek werden im »Projekt Eisvogel« des Naturschutzbundes NABU Renaturierungsmaßnahmen durchgeführt. Im Bezirk Altona arbeiten Tiefbauabteilung und Naturschutz seit Jahren mit großem Erfolg an der Renaturierung der Wedeler Au. So entstehen nicht nur neue Lebens-, sondern auch zusätzliche Naturerlebnisräume in der Stadt.

Die Alster überwindet von der Quelle bis zur Mündung einen Höhenunterschied von fast 30 Metern, was stellenweise für eine schnelle Strömung sorgt. Dort und an den naturnahen Nebenbächen kann man die Gebirgsstelze beobachten, die wie eine gelbe Bachstelze aussieht und die hier sogar brütet. Im Winterhalbjahr sollte man an schnell fließenden Abschnitten und an Stauwehren auf einen kleinen, pummelig wirkenden Vogel mit dunkelbraunem Gefieder und blendend weißer Brust und Kehle achten. Oft sitzt er am oder im Wasser auf einem Stein und knickst wie aufgeregt. Dann stürzt er sich plötzlich in die Fluten, taucht ab und schnellt nach einigen Sekunden wie ein Korken wieder an die Oberfläche. Es ist eine Wasseramsel, der einzige Singvogel der Welt, der seine Nahrung tauchend erbeutet. Mit ausgebreiteten Flügeln läuft er gegen die Strömung, die ihn unter Wasser drückt, am Grunde von Bächen und kleinen Flüssen entlang. Dort sucht er unter Steinen nach Bachflohkrebsen,

Köcherfliegenlarven und anderem Kleingetier. Wasseramseln brüten in Deutschland nur an Flüssen und Bächen der Mittelgebirge und der Alpen. Die Vögel an der Alster sind Wintergäste aus Skandinavien, die manchmal mitten in der Stadt auftauchen. Als ich im Januar 2006 auf der stark befahrenen Stein-Hardenberg-Straße zwischen den Stadtteilen Tonndorf und Rahlstedt von einer Brücke aus auf das Flüsschen Wandse schaute, entdeckte ich dort eine fröhlich wippende Wasseramsel. An dieser Stelle waren Feldsteine in den Bachlauf eingebracht worden, um dem einförmigen Abflussgerinne ein natürlicheres Gepräge zu geben. Dem Vogel schien es zu gefallen, denn er hielt sich über mehrere Wochen hier auf.

Wasseramsel

Die hügelige, waldreiche Landschaft am Mittellauf der Alster zwischen Klein-Borstel und der nördlichen Landesgrenze steht in größtmöglichem Kontrast zu der weiten Wasserfläche der Außen- und Binnenalster, die die Hamburger Innenstadt auf so einzigartige Weise prägt. Mitte des 13. Jahrhunderts wurde der Fluss, um ihn schiffbar zu machen und gleichzeitig Wassermühlen anzutreiben, durch den Bau eines Dammes im Bereich der heutigen Einkaufs- und Flaniermeile Jungfernstieg gestaut. Die von 1616 bis 1626 zum Schutz der Stadt errichteten Wallanlagen führten in Höhe der heutigen Lombards- und Kennedybrücke zu der Zweiteilung in die kleinere Binnenalster und die weit größere Außenalster. Heute ist die Außenalster nicht nur ein beliebtes Freizeitgebiet, sondern

Wasservögel an der Kleinen Alster

ein wichtiger innerstädtischer Lebensraum für Tiere und Pflanzen.

Bereits an der so genannten Kleinen Alster, am Reesendamm zwischen Rathausmarkt und Jungfernstieg, sieht man zahllose Wasservögel, die auf Futtergaben von Passanten warten. Zwischen Stockenten, Blässhühnern, Lachmöwen und Graugänsen tummeln sich stets einige der vielen zahmen »Alsterschwäne«. Es sind Höckerschwäne, leicht zu erkennen an ihrem orangefarbenen Schnabel mit dem charakteristischen schwarzen Höcker, der beim Männchen deutlich größer ist als beim Weibchen. Diese zahmen Alsterschwäne gehören zur Hamburger Tradition. Als Hamburg sich zu einer selbstständigen, freien Stadt entwickelte, beschlossen die damaligen Stadtväter, als Zeichen ihrer Freiheit und Unabhängigkeit, Schwäne zu halten – ein Privileg, das nur adeligen

Herrscherhäusern vorbehalten war. Mit einer Verordnung aus dem Jahre 1664 stellte der Hamburger Senat die stolzen Vögel unter besonderen Schutz, das Belästigen oder Töten der Schwäne wurde unter strenge Strafe gestellt. Offenbar wurde dieses Verdikt zunächst nicht so recht ernst genommen, denn in einem Senatsprotokoll vom 6. April 1674 heißt es: »Herr Möller refert: daß verwichenen Jahres nur 2 junge Schwäne ausgekommen, welches denn dahero komme, daß Keiner auf die Eier Achtung gebe, sondern die Nester von bösen Buben gestört werden, rathe demnach, daß einer dazu angenommen werde, welcher darauf Achtung gebe.« Seither kümmert sich ein bei der Stadt angestellter Schwanenbetreuer um das Wohl der Tiere.

Durchschnittlich leben an der Alster heute etwa 120 Höckerschwäne, von denen jährlich nur etwa zehn bis zwölf Paare zur Brut schreiten. Denn die Brutpaare besetzen große Reviere, aus denen alle Artgenossen und oft auch andere Wasservögel energisch vertrieben werden. In typischer Imponierhaltung mit segelartig aufgestellten Flügeln und zurückgelegtem Hals patrouillieren die Männchen an ihren Reviergrenzen. Kommt ein fremder Schwan zu nahe, fliegt der Revierinhaber ihm mit laut aufs Wasser klatschenden Flügelschlägen entgegen, um ihn einzuschüchtern. Der Eindringling tut gut daran, das Weite zu suchen, denn Kämpfe werden notfalls mit äußerster Brutalität geführt und enden gelegentlich mit dem Tode eines der Kontrahenten. Die wuchtigen Flügelschläge wütender Schwäne verfehlen auch bei anderen Tieren nicht ihre Wirkung. In der Wedeler Marsch westlich von Hamburg konnte ich einmal erleben, wie eine Schwanenmutter einen Bullen in die Flucht schlug, der ihren Küken zu nahe gekommen war.

Den Winter verbringen die Alsterschwäne in ihrem traditionellen Winterquartier am Eppendorfer Mühlenteich unweit des Universitätskrankenhauses. Im Spätherbst, vor Beginn der Frostperiode, treiben »Schwanenvater« Olaf Nieß und seine Helfer die Vögel mit Booten von der Außenalster zunächst in die engeren Kanäle oder in Schleusenbecken, wo sie eingekesselt und einzeln mit der Hand gegriffen oder mit einem speziellen Fangstock aus dem Wasser in die Boote gezogen werden. Flügel und Beine werden mit einem Band fixiert, damit die kräftigen Tiere weder sich noch andere verletzen können. Anschließend werden sie per Boot zum Eppendorfer Mühlenteich gebracht. Dort wird das Wasser mit einer Unterwasserpumpe eisfrei gehalten, und die Tiere werden gefüttert. Ablesungen beringter Schwäne zeigen, dass sich vor allem im Winterhalbjahr auch fremde Artgenossen dazugesellen, die als Zugvögel unter anderem aus Skandinavien, Holland, Belgien, Polen und dem Baltikum kommen. Selbst wenn es sich dabei vermutlich nicht um reine Wildvögel handelt, zeigen sie doch ein wesentlich scheueres Verhalten als die handzahmen Parkvögel. Auch Wildenten, besonders Reiher- und Tafelenten, stellen sich regelmäßig in großer Zahl ein. Graureiher, Gänsesäger und neuerdings Kormorane nutzen besonders in strengen Wintern das offene Wasser zum Fischen.

An den Alsterkanälen und entlang des Alsterwanderweges, etwa an der Poppenbütteler Schleuse oder am Ammersbek-Stauteich in Wohldorf, gibt es noch eine weitere Schwanenart, den Singschwan, dessen ursprüngliche Brutheimat in Skandinavien und Nordrussland liegt. Die ersten wurden 1952 als halbzahme Parkvögel an der Alster ausgesetzt. Von den »gewöhnlichen« Alsterschwänen unterscheiden sie sich

Alsterschwäne verlassen ihr Winterquartier

durch einen schwarzen Schnabel mit einer auffälligen gelben Zeichnung. Auch wird der Hals nicht anmutig gebogen wie beim Höckerschwan, sondern so gerade und steif gehalten, als hätten sie einen Stock verschluckt. Das markanteste Unterscheidungsmerkmal aber ist die Stimme. Während Höckerschwäne nur gelegentlich seltsam knörende Laute von sich geben, machen die Singschwäne mit ihrem großen Repertoire klangvoller Rufe ihrem Namen alle Ehre.

Singschwäne, die noch nicht so lange domestiziert sind, zeigen ein deutlich wilderes Verhalten als Höckerschwäne. Sie meiden zur Brutzeit die Gesellschaft anderer Schwäne und ziehen sich gern in abgelegene Bereiche der Oberalster und ihrer Nebengewässer zurück. Artgenossen werden noch aggressiver als bei Höckerschwänen aus dem Brutrevier vertrieben, wobei der Besitzanspruch an Revier und Partnerin lautstark heraustrompetet wird – was für so manchen naturentwöhnten Städter nicht immer leicht zu ertragen ist. Harald Nieß, Vorgänger und Vater des jetzigen Schwanenbetreuers Olaf Nieß, bekam einmal den Auftrag, ein Paar Singschwäne einzufangen und umzusiedeln, weil die Tiere sich durch das Glockengeläut einer Kirche provoziert fühlten und mit ohrenbetäubendem, ausdauerndem Trompeten antworteten, was wiederum die Kirchengemeinde nervte. Wie Harald Nieß rückblickend eingestand, sei es ihm »natürlich« nie gelungen, diese Singschwäne einzufangen, und später hätten sie sich dann von selbst verzogen.

Laut und zudem gefährlich kann es werden, wenn ein aggressiver Schwanenmann sein Spiegelbild in einer großen Fensterscheibe erblickt. Um den vermeintlichen Nebenbuhler zu vertreiben, hackt und schlägt er vehement auf das Fensterglas ein. Dieses Verhalten zeigen auch Singvögel wie Amseln und Meisen, die stunden- oder tagelang unermüdlich gegen Fensterscheiben oder glänzende Autofelgen springen und ihr Spiegelbild bekämpfen. Was bei Kleinvögeln allenfalls die Nerven strapaziert, kann bei einem eineinhalb Meter großen Schwan bedrohliche Formen annehmen. So schlug an der Oberalster bei Wohldorf einmal ein Singschwan die Scheiben eines Gewächshauses ein, die später mit Maschendraht gegen weitere Attacken gesichert werden mussten.

Die Singschwäne werden im Herbst nicht ins Winterquartier am Eppendorfer Mühlenteich getrieben, sondern fliegen bei nahendem Frost von selber ein. Oft schon im Februar zieht es die wetterharten Vögel wieder hinaus in die »Wildnis« des Oberalsterraumes. Einige Vögel, an ihrer unterschiedlichen Schnabelfärbung individuell kenntlich, verschwinden auch für Wochen, um später mit einem Ring einer

Singschwan

schwedischen Vogelwarte wieder zurückzukommen. Offenbar liegt den Tieren noch ein Rest des natürlichen Zugverhaltens im Blut. Die Nachkommen verwildern inzwischen mehr und mehr und bleiben auf Distanz zu den Menschen. Sie sind inzwischen auch in Naturschutzgebieten wie dem Duvenstedter Brook im Nordosten Hamburgs zu finden. Einige der in Hamburg geborenen Jungvögel schließen sich offenbar auch der Wildpopulation an und kehren sozusagen zurück ins Land ihrer Vorfahren.

Im Winterhalbjahr, wenn kein Segelboot mehr auf dem Wasser kreuzt und auch die »Alsterdampfer« fest vertäut am Jungfernstieg liegen, lohnt es sich, auf der Außenalster nach seltenen Gästen Ausschau zu halten. Darunter sind Arten, die man sonst nur an der Meeresküste antrifft, etwa Eider-, Samt- und Trauerenten, aber auch Stern- und Prachttaucher. Die großen Taucher, die sich ausschließlich von Fischen ernähren,

»Alsterschwäne«

brüten in Schweden und Finnland und verbringen den Winter normalerweise auf dem offenen Meer. Nach schweren Stürmen kann man manchmal einzelne Dreizehenmöwen und Trottellummen beobachten oder den mit den Albatrossen verwandten, aber nur knapp starengroßen Wellenläufer –

Hochseevögel mitten in der Großstadt. Auch der mächtige Seeadler zieht schon mal seine Kreise über der Alster.

Streng genommen ist die Außenalster kein See, sondern ein Teich, denn mit einer durchschnittlichen Wassertiefe von nur etwa zwei bis zweieinhalb Metern fehlt ihr die typische lichtarme Tiefenzone eines Sees. Ein solches Gewässer sollte eigentlich rasch mit Schilf und Wasserpflanzen zuwachsen. In früheren Zeiten war das auch der Fall, doch um die Alster für den Segelsport attraktiver zu machen, wurden im 19. und 20. Jahrhundert die Ufer der Außenalster aufgehöht und befestigt und gleichzeitig die flachen Uferböschungen abgebaggert, um die Wasserfläche zu vergrößern. Dabei wurde der größte Teil der Röhrichtbestände vernichtet. Bald erkannte man jedoch, dass die Röhrichtzonen nicht nur das Landschaftsbild bereichern, sondern auch eine positive Auswirkung auf die Wasserqualität haben. In den vergangenen Jahrzehnten sind daher stellenweise mit großem Aufwand neue Röhrichtzonen angelegt worden. Zum Schutz gegen den Verbiss durch Schwäne und Gänse, für die die frischen, zarten Triebe der eingebrachten Pflanzen eine Delikatesse darstellen, wurden die Anpflanzungen mit Maschendraht eingezäunt. Andere tierische Kostgänger konnten die Zäune jedoch nicht abhalten. Schermäuse, von Gartenbesitzern als »Wühlmäuse« gefürchtet, fressen mit Vorliebe die jungen Triebe der Röhrichtpflanzen. Gewässerufer sind der ursprüngliche Lebensraum dieser auch als »Wasserratten« bekannten Wühler.

Auch der aus Nordamerika stammende Bisam, der auf den ersten Blick wie eine Miniaturausgabe des Bibers wirkt, schätzt neben Muscheln und Krebsen zarte Blätter und Wur-

Bisam

zelstöcke als Nahrung. Der Bisam kam erst Anfang des 20. Jahrhunderts nach Europa. Sein dichtes Fell war als Pelz sehr begehrt, deswegen wurde er 1905 bei Prag ausgesetzt, von wo aus er fast das gesamte europäische Gebiet erobert hat. Gerade für Norddeutschland ist er ein Problemtier, denn er gräbt seine Baue in die Uferböschungen und unterminiert dabei auch die Hochwasserschutzdeiche. Deshalb sorgen Bisamjäger dafür, dass er sich dort gar nicht erst ansiedelt. An der Alster kann er allerdings kaum ernsthafte Schäden an den Ufern anrichten, und auch die Sumpfpflanzen wachsen inzwischen schneller als Bisame und Schermäuse sie abfressen können.

RÖHRICHTZONEN FÜR DIE ALSTER

Erste Versuche, Schilf und Rohrkolben an den Ufern der Außenalster wieder anzusiedeln, gab es bereits Mitte der 1950er Jahre. 1977 startete die Baubehörde ein langfristig angelegtes Projekt zur Renaturierung der Uferzonen. Dabei gab es mancherlei Rückschläge: Hungrige Wasservögel, badende Hunde, angeschwemmter Müll und starker Wellenschlag zerstörten immer wieder die empfindlichen Neuanpflanzungen. Kaum vorstellbar also, dass in früheren Jahrhunderten die Alster vollständig zu verkrauten drohte. Zu Beginn des Aufstaus vor knapp 800 Jahren führte die Alster noch saures, nährstoffarmes Moorwasser, das Sumpf- und Wasserpflanzen keine geeigneten Wachstumsbedingungen bot. Im Laufe der Zeit wurde das Alsterwasser durch Fäkalien und Abwässer unter anderem aus Gerbereien und Färbereien immer stärker mit Nährstoffen belastet, die die Pflanzen üppig gedeihen ließen. Im 16. Jahrhundert hatten sich ausgedehnte Röhrichtzonen und wuchernde Wasserpflanzenbestände gebildet. Zu Beginn des 17. Jahrhunderts wurden Wasserpflanzen mit einer »Krautharke« entnommen, und Mitte des 18. Jahrhunderts drohte das Schilf die Außenalster komplett zu überwuchern. Hinzu kam die um 1860 aus Nordamerika eingeschleppte Wasserpest, die durch ihr enormes Wachstum ihrem Namen alle Ehre macht. 1868 wurden in 571 Schutenladungen rund 8,4 Millionen Pfund Wasserpestpflanzen eingesammelt, trotzdem wucherte die Pflanze weiter. Erst als ab 1869 ein Raddampfer ständig über die mit Wasserpest bewachsenen Zonen fuhr, konnte die Massenentwicklung eingedämmt werden. Seitdem ist die Pflanze ein problemloser Bestandteil der heimischen Unterwasservegetation.

Schilfgürtel an der Außenalster

Heute wachsen in den Flachwasserzonen wieder Röhrichte aus Schilf, Rohrkolben, Wasserschwertlilie, Kalmus und anderen Pflanzenarten. Die Pflanzen unterstützen die natürliche Selbstreinigung des Wassers und schützen die Uferbereiche vor Schäden durch Wellenschlag. In tieferen Wasserzonen vor dem Röhrichtgürtel breiten sich See- und Teichrosen aus, ein Bild, das der natürlichen Zonierung der Vegetation eines Seeufers entspricht.

Mit den Sumpf- und Wasserpflanzen kehrten auch bereits verschwundene Tiere zurück. Im Bereich der neu gepflanzten Ufervegetation wurden 23 verschiedene Wasserschnecken-, neun Egel- und vier Eintagsfliegenarten festgestellt. Über dem Wasser schwirren farbenprächtige Libellen wie die Blaugrüne Mosaikjungfer und das Große Granatauge. Fische finden hier Nahrung und Unterstände, und Haubentauchern, Teichhühnern und anderen Wasservögeln bieten die Röhrichtzonen geschützte Brutmöglichkeiten. Im Schilf singt ein kleiner, unscheinbarer Singvogel seine rhythmischen Strophen, ein lang anhaltendes »Tiri tiri trektrektrek – tiri trektrek – tiri tiri«. Es ist der Teichrohrsänger, der sein Nest kunstvoll zwischen die Schilfhalme flicht.

In den Abendstunden kann man über Binnen- und Außenalster den Jagdflug verschiedener Fledermäuse beobachten. Hoch am Himmel fliegt der Große Abendsegler, mit einer Flügelspannweite von bis zu 40 Zentimetern unsere größte Fledermausart. Dicht über dem Wasser jagt die Wasserfledermaus nach kleinen Insekten, allerdings nur bei völliger Dunkelheit. Dabei verwechselt sie mitunter ausgeworfene Angelköder mit ihrer natürlichen Beute. Es ist verbürgt, dass Angler statt des erhofften Fisches plötzlich eine Fledermaus am

Haken hatten. Tagsüber ruhen die Tiere in hohlen Bäumen oder unter Brücken. Größe und Flugverhalten der Fledermäuse erlauben Kennern eine erste Einschätzung der Artzugehörigkeit, doch für eine genaue Bestimmung sind die im Ultraschallbereich liegenden Ortungsrufe wichtig, mit deren Echo die Fledermäuse ihre Umgebung akustisch erfassen. Diese Laute kann man mit einem speziellen Gerät, dem »Batdetector«, für das menschliche Ohr hörbar machen. Auf diese Weise gelang es, an der Alster sogar die in Hamburg stark gefährdete Teichfledermaus aufzuspüren. Offenbar nutzen die lautlosen Nachtjäger den Flusslauf als Orientierung und Wanderweg und geraten – wie viele andere Wildtiere auch – auf diesem Weg von den Außenbezirken im Norden Hamburgs bis in die Innenstadt. Auch der Balzflug der winzigen Rauhautfledermaus, einer typischen Waldbewohnerin, wurde hier an der Binnenalster schon gesehen.

Entenvergewaltigung

Auffälliges Verhalten

Enten und Habichte im Stadtpark

Ich kann mich noch gut erinnern, wie gern ich als Kind im Hamburger Stadtpark die Enten gefüttert habe, wenn ich dort mit meinen Eltern spazieren ging. Heute betrachte ich die Fütterung des Wassergeflügels mit gemischten Gefühlen. Es ist nichts dagegen einzuwenden, den Vögeln ab und an ein Stückchen unverdorbenes Weißbrot zu spendieren, wenn jedoch kiloweise Brot in die Teiche geworfen wird, hat das gesamte Ökosystem der Parkgewässer darunter zu leiden. Brot, das nicht sofort gefressen wird, verdirbt, und es kommt – auch aufgrund des vermehrt anfallenden Kotes der vielen Wasservögel, die sich ständig an den Futterstellen aufhalten – zu einer Überdüngung des Wassers. Algenblüten und Sauerstoffmangel sind die Folge.

Zudem schadet die übermäßige Fütterung auch den Enten. Sie ist wesentlicher Grund für ihre starke Vermehrung. Heute leben selbst an kleinen Parkteichen 60, 80 oder mehr Vögel, wobei inzwischen bei vielen Populationen ein auffälliger Männchenüberschuss herrscht, der nach Untersuchungen des Hamburger Vogelkundlers Heinrich Hoerschelmann bis zu 70 Prozent betragen kann. Das bedeutet, dass ein Großteil der Erpel zum Junggesellendasein, also zu einer unnatürlichen Lebensweise gezwungen ist, durch die die Regeln des Balz- und Paarungsverhaltens völlig außer Kraft gesetzt werden können. Normalerweise gehen Stockenten eine Saisonehe ein. Nach intensiver, stark ritualisierter Balz kommt es zur Paarbildung, nach der der Erpel seine Partnerin gegen Nebenbuhler verteidigt und sie während der Zeit des Brütens bewacht bis die Küken schlüpfen. Bei den halbzahmen Parkenten musste ich jedoch schon mehrfach mit ansehen, wie zwei oder drei Junggesellen ein Weibchen brutal vergewaltigten, um ihren aufgestauten Paarungstrieb gewaltsam zu befriedigen. Auch ein noch so kampfbereiter Partner kann gegen solch eine Übermacht nichts mehr ausrichten. Nicht selten wird die Ente von den Männchen, die alle versuchen, auf ihren Rücken zu springen, so oft und so lange unter Wasser gedrückt, bis sie am Ende ertrinkt. Sogar Enten mit Küken werden von den aggressiven Erpeln nicht verschont.

Bereits im 16. Jahrhundert schrieb der Schweizer Naturforscher Conrad Gesner, damals einer der führenden Köpfe seiner Zunft, von Vergewaltigungen bei Enten: »Wann der Enten viel beyeinander sind, so werden sie also hitzig, dass sie das Weiblein, indem einer nach dem anderen auffsitzed ertödten.« Nun gab es damals weder städtische Parks noch zahme Parkenten, das heißt, auch bei wild lebenden Stockenten kommt es zu Vergewaltigungen, mit Sicherheit aber sehr viel seltener als an Stadtteichen. Die im Verhältnis zu den vorhandenen Wasserflächen unnatürlich hohe Anzahl der Stadtenten lässt chronischen, so genannten Dichtestress entstehen, der das aggressive Verhalten auslöst.

Wegen der ständigen Übergriffe unverpaarter Erpel auch auf brütende und Küken führende Weibchen ist der Bruterfolg von Parkenten mittlerweile sehr gering. Was auf den ersten Blick als abnormes Verhalten erscheint, ist also in Wirklichkeit ein innerartlicher Regulationsmechanismus, der verhindert, dass die Enten durch zu starke Vermehrung ihren Lebensraum übernutzen.

Oftmals führt der Männchenüberschuss auch zur Bildung von Trios aus zwei Erpeln und einer Ente, eine Verbindung, die kaum Nachwuchs hervorbringt, da die Männchen sich gegenseitig an einer erfolgreichen Paarung hindern. Eine weniger brutale Reaktion als die Vergewaltigungen, aber ein ebenso wirksames Regulativ der Populationsentwicklung. Auch homosexuelle Beziehungen sind in Junggesellenverbänden nicht selten. Die genaue Ursache des Männchenüberschusses an Parkgewässern ist noch unklar. Bekannt ist, dass bei vielen Tierarten in Krisensituationen wie Nahrungsmangel oder ungünstigen Klimabedingungen, die zu einer hohen Todesrate führen können, überproportional viele Weibchen geboren werden. Sie können durch ihren Nachwuchs die Verluste wieder ausgleichen. Umgekehrt ist naheliegend, dass in Situationen, die eine Begrenzung des Populationswachstums erfordern, das Geschlechterverhältnis in die andere Richtung verschoben wird.

Nicht nur im Verhalten, sondern auch in der äußeren Erscheinung unterscheiden sich die zahmen Parkenten deutlich von

Stockenten

ihren wild lebenden Artgenossen: Es gibt bunt gescheckte Tiere, schwarze Enten mit weißer Brust, hell rahmfarbene und auch reinweiße Vögel. Man könnte meinen, es handele sich um ganz unterschiedliche Arten. Tatsächlich aber sind all diese fehlfarbigen Exemplare Stockenten. Auch die Körpergröße kann stark von der Norm abweichen. Manche dieser Stadtvögel sind fast doppelt so groß wie die Wildform. Da die Stockente die Stammmutter unserer Hausenten ist, dürfte die Einkreuzung von entflogenen oder ausgesetzten Hausentenrassen ein Grund dieser erstaunlichen Variabilität sein. Aber auch Inzuchteffekte spielen eine Rolle. Denn die Parkenten bilden, wie Heinrich Hoerschelmann feststellte, eine weitgehend eigenständige Population, die sich kaum noch mit wilden Stockenten vermischt. Sie bleiben das ganze Jahr über an den Stadtgewässern und verlassen sich inzwischen völlig auf das Nahrungsangebot der Menschen. Diese Enten sind auf dem besten Wege, sich selbst zu domestizieren, das heißt, sie werden zu einer Art frei lebender Haustiere. Vergleichbares scheint von keiner anderen Tierart bekannt zu sein. Diese zunehmende Domestikation könnte eine weitere Ursache für die Färbungs- und Größenanomalien sein, denn auch bei anderen Haustieren, etwa Hunden, Katzen, Rindern oder Pferden, treten spontan gescheckte oder andersfarbige Einzeltiere auf. In wild lebenden Entenpopulationen würden die auffälligen Mutationen sehr schnell von natürlichen Feinden ausgemerzt. An den geschützten städtischen Gewässern können auch fehlfarbene Enten zur Fortpflanzung gelangen und die neuen Merkmale vererben.

Untersuchungen zeigten, dass neben den äußerlich sichtbaren Veränderungen als Folge der Domestikation das Hirnvolumen der Haustiere sich im Vergleich zu den wild leben-

Fehlfarben und Riesenwuchs bei Parkenten

den Artgenossen deutlich verringert und damit die Intelligenz und die allgemeine Lebenstüchtigkeit schwinden. Hauptgrund dieser geistigen Trägheit bei domestizierten Tieren ist der Mensch, der für Futter und für Schutz vor Feinden sorgt. Da komplexe Sinnesleistungen und Verhaltensweisen für das tägliche Überleben nicht mehr gebraucht werden, verkümmern auch die zuständigen Hirnareale. Gleiches gilt für die Parkenten: Sie bekommen Futter im Überfluss und sind in ihrer Umgebung vor allem durch die Nähe zum Menschen vor ihren natürlichen Feinden weitgehend geschützt.

Normalerweise brüten Stockenten am Boden in der Nähe eines Gewässers. In der Stadt jedoch wählen die Weibchen oftmals denkbar ungünstige Brutplätze, etwa geschlossene Hinterhöfe, Dächer oder einen Balkon im sechsten Stock. Wenn die Küken an solchen Orten schlüpfen, die nur fliegend zu erreichen beziehungsweise zu verlassen sind, kommt es immer wieder zu herzzerreißenden Szenen. Kleine Flaumbällchen irren hilflos in einer Dachrinne umher oder sprin-

Enten im Park

gen vom Balkon auf die Straße. Ihr geringes Gewicht bewahrt sie zwar meist vor schweren Verletzungen, aber mit einer quirligen Kükenschar im fließenden Verkehr eine Straße zu überqueren, überfordert selbst die umsichtigste Entenmutter. Manchmal scheitern die Küken auch beim Versuch, einen hohen Kantstein zu überwinden. Laufen sie dann daran entlang, fallen sie auch schon mal durch ein Gullygitter in die Regenwasserkanalisation. Solange Rufkontakt besteht, bleibt die Mutter am Gully und versucht, die Kleinen herauszulocken – natürlich vergeblich. In solchen Fällen wird häufig Olaf Nieß gerufen, der als Hamburger Schwanenvater nicht nur die zahmen Alsterschwäne betreut, sondern sich um jegliches Wassergeflügel in der Stadt kümmert. Geduldig und vorsichtig sammelt er die Küken ein und setzt sie in einen offenen Korb oder Karton, damit der Ruf- und Sichtkontakt zur Mutter während der Rettungsaktion nicht abreißt. Die Ente, die sich natürlich nicht mit einfangen lässt, folgt ihm beziehungsweise ihren verängstigt piepsenden Küken, bis diese an passender Stelle wieder ausgesetzt werden können.

Besonders zur Zugzeit im Frühjahr und im Herbst finden sich auf dem Stadtparksee und anderen größeren Parkgewässern auch Wildenten wie Krick-, Löffel- und Tafelente ein. Am häufigsten ist die Reiherente, die im Stadtpark auch brütet. Die Erpel sind zur Brutzeit mit ihrem schwarz-weißen Federkleid, den gelben Augen und einem auffälligen Federschopf am Hinterkopf unverkennbar. Sie zeigen bei der Nahrungssuche ein ganz anderes Verhalten als die Stockenten, die in flachen Gewässern oder in Uferzonen von der Wasseroberfläche aus nach Wasserpflanzen oder Algen gründeln. Reiherenten sind Tauchenten, die unter Wasser Insektenlarven, Wasserschnecken und kleine Muscheln erbeuten. Zu ihrer Lieblingsnahrung zählt die Wander- oder Dreiecksmuschel. Diese bis zu vier Zentimeter große Muschel war ursprünglich nur im Kaspischen und Schwarzen Meer verbreitet. Als einzige Süßwassermuschel bildet sie planktische Larvenstadien aus, die ab dem 19. Jahrhundert im Ballastwasser von Schiffen verfrachtet wurden. Bereits Anfang des 20. Jahrhunderts hatte die Wandermuschel ganz Mitteleuropa besiedelt. Ihr folgte die Reiherente, die bis dahin hauptsächlich im osteuropäischen Raum beheimatet war. Als Brutvogel tauchte sie erstmals 1940 im Hamburger Stadtgebiet auf, am Außenmühlenteich im Harburger Stadtpark. Noch 1967 umfasste die Brutpopulation lediglich 16 Paare. Erst danach kam es als Folge der invasiven Ausbreitung der Muschel in den Gewässern der Stadt zu einer rasanten Bestandsentwicklung. Mittlerweile ist die Reiherente nach der Stockente die zweithäufigste Entenart, die an unseren Parkgewässern brütet.

Entenbrut auf einer Terrasse

Einer meiner Lieblingsplätze im Hamburger Stadtpark ist das Gebiet um den so genannten Ententeich im Nordosten des rund 150 Hektar großen Geländes, ganz in der Nähe der Freilichtbühne. Genau genommen sind es zwei Teiche, die durch einen schmalen Kanal miteinander verbunden sind. Von der Brücke aus, die über diesen Verbindungskanal führt, hat man einen guten Blick über die malerische Gewässerlandschaft, die von alten Trauerweiden, Erlen und Eschen umrahmt wird. Besonders beeindruckend ist eine Gruppe hochwüchsiger, schlanker Sumpfzypressen, die mit ihren Wurzeln im Wasser stehen. Rund um den größeren der beiden Teiche wächst ein naturbelassener Bruchwald, der so nass und sumpfig ist, dass man ihn selbst im Sommer kaum betreten kann. Eine echte Wildnis mitten in der Stadt, nur wenig entfernt vom stark befahrenen Jahnring und den jenseits der vierspurigen Straße aufragenden Verwaltungsgebäuden der City Nord.

Am Ententeich kann man das im Vergleich zu anderen Wasservögeln sehr viel unauffälligere Teichhuhn entdecken. Man hört eher seine scharfen »Kürrrük«-Rufe, als dass man es sieht. Aber manchmal blitzen im Halbdunkel der überhängenden Ufervegetation plötzlich die weißen Unterschwanzdecken auf, wenn der Vogel vorsichtig am Ufer entlangpirscht. Auffällig sind die arttypische rote Stirnzeichnung und der rote Schnabel mit gelber Spitze. In der freien Landschaft sieht man Teichhühner aufgrund ihrer versteckten Lebensweise fast nie, man weiß daher auch nicht, wie häufig oder selten sie sind. Sie gehören ebenso wie die bekannteren Blässhühner trotz ihres Namens weder zu den Hühnervögeln noch zu den Enten, sondern zur Familie der Rallen und sind damit entfernte Verwandte der Kraniche.

Teichhuhn

Als typische Bewohner der Gewässerufer sind sie zwar schlechtere Schwimmer als Enten und Blässhühner, dafür können sie mit ihren langen Zehen gut über die Schwimmblätter der See- und Teichrosen laufen und geschickt im Gebüsch herumklettern. Im Eichtalpark im Stadtteil Wandsbek hockte ich einmal weniger als einen halben Meter entfernt neben einer Teichhuhnmutter, die ihre wohl erst wenige Stunden alten Küken fütterte. Was genau sie da in schneller Folge aufpickte und den Kleinen in die Schnäbel schob, war trotz der geringen Distanz nicht zu erkennen. Durch solch argloses Verhalten der Mutter werden die Küken von klein auf an Menschen gewöhnt. Dennoch sind die Teichhühner, auch wenn sie im Winter gerne Futtergaben annehmen, unverändert echte Wildvögel, die auf die menschliche Nachbarschaft nicht angewiesen sind.

Der Beginn der Verstädterung von Wasservögeln liegt noch nicht sehr lange zurück. Erst vor knapp 100 Jahren haben die Stockenten allmählich die Großstadt erobert. 1913 wurde die erste Entenbrut im bebauten Hamburger Stadtbereich registriert. Über die Anfänge dieser Entwicklung lassen sich nur Vermutungen anstellen. Ursprünglich kamen Wildenten, die seit jeher in den Elbmarschen brüteten, als Wintergäste in die Stadt. Denn durch das im Vergleich zur freien Landschaft deutlich wärmere Klima in der Stadt frieren hier die Gewässer sehr viel später zu als im Umland oder bleiben völlig eisfrei. Mit den zu Beginn des vorigen Jahrhunderts in Großstädten aufkommenden Parkanlagen, wie dem 1914 eingeweihten Hamburger Stadtpark, entstanden zusätzlich günstige Lebensräume für Wasservögel. Dass die Enten auf den Parkgewässern damals schon gefüttert wurden, ist unwahrscheinlich. Vermutlich wurden sie nicht einmal sonderlich beachtet – beste Voraussetzung für die scheuen Vögel, sich allmählich an die Menschen zu gewöhnen. Dieser Gewöhnungsprozess war die entscheidende Voraussetzung dafür, die Parkgewässer nicht mehr nur als Winterquartier zu nutzen. Sie boten sichere Brutmöglichkeiten, denn natürliche Feinde wie Fuchs und Habicht hatten damals den Sprung in die Stadt noch nicht gewagt.

Auch bei Tieren gibt es unterschiedliche Charaktere – Pioniere, die, auf menschliche Maßstäbe übertragen, Amerika erobern, und solche, die allenfalls das Nachbardorf entdecken. Diese unterschiedlichen Strategien sind in der Natur durchaus sinnvoll. Die weniger mutigen Tiere, die sich dort ansiedeln, wo Generationen vor ihnen auch gelebt haben, bilden sozusagen die sichere Reserve, falls die Pioniere, in der Regel Jungtiere auf der Suche nach noch unbesetzten Revieren, bei der riskanten Eroberung neuer Lebensräume umkommen. Neue Gebiete werden umso schneller erobert, je größer der Populationsdruck ist, das heißt, je weniger freie Reviere im Lebensraum vorhanden sind. Die Stockentenpioniere haben in den städtischen Parkanlagen für sich Neuland entdeckt. Andere folgten ihnen, der Schritt zur Verstädterung war getan. Auf diese Weise wurden neben den Stockenten auch andere Wasservögel wie Bläss- und Teichhühner im Laufe weniger Jahrzehnte zu Stadtvögeln. Gleiches gilt für viele Singvögel wie Amsel, Rotkehlchen oder Zaunkönig. Auch sie kamen im Winter aus den umliegenden Wäldern in die Stadt und merkten bald, dass es sich hier auch im Sommer gut leben lässt. Die angepflanzten Bäume, Sträucher und Hecken in den Parks und Grünanlagen, auf Friedhöfen und in Gärten bieten ihnen Lebensraum und reichliches Nahrungsangebot.

Dieser Verstädterungsprozess von Vögeln, dem der Hamburger Vogelkundler Franz Dietrich bereits in seinem 1928 erschienenen Buch *Hamburgs Vogelwelt* ein Kapitel widmete, hält bis heute an. Inzwischen brütet – für Franz Dietrich damals unvorstellbar – ein Vogel mitten in der Stadt, der bis vor kurzem noch als ausgesprochen heimlicher Waldbewohner galt: der Habicht. Während »Landhabichte« nach wie vor sehr scheu sind, haben »Stadthabichte« ihr Verhalten an die neuen Bedingungen angepasst. Ein Habichtspaar brütet im Hamburger Stadtpark, in dem sich an schönen Wochenenden Massen von Menschen aufhalten. Sein Brutrevier liegt im Westen des Parks, im Bereich des ehemaligen Sierich'schen Gehölzes rund um das Planetarium, das heute als Vogelschutzgebiet ausgewiesen ist. Hier wächst ein prächtiger Mischwald mit hohen, alten Buchen, Eichen, Ahornen, Kiefern und anderen Baum- und Straucharten – Lebensraum für eine artenreiche Vogelwelt.

Der Hamburger Biologe Christian Rutz wollte dem Geheimnis der Verstädterung des Habichts auf die Spur kommen und wissen, wo, wie und was der Vogel in der Stadt jagt. Dazu hatte er dem Terzel, so heißt das Habichtsmännchen in der Fachsprache der Jäger und Falkner, einen kleinen Sender auf eine Schwanzfeder geklebt. Mit Hilfe einer Peilantenne konnte er ihn so bei seinen Jagdflügen verfolgen.

Gelegentlich durfte ich ihn bei seinen Beobachtungstouren begleiten. Von einer Parkbank aus war das Geschehen am Habichtshorst gut zu beobachten. Sobald der Terzel abflog, war Eile angesagt: Wir merkten uns die Abflugrichtung, rannten zum Auto am Rand des Stadtparks und fuhren dem Habicht hinterher. Dazu brauchten wir nur die Peilantenne aus dem Schiebedach zu halten und den Signalen des Senders zu folgen. So konnten wir den Aktionsradius und die bevorzugten Jagdgebiete des Vogels bestimmen. Wir stellten fest, dass fast der gesamte Stadtteil Barmbek zu seinem Jagdrevier gehörte und dass er dort in Gärten und Hinterhöfen jagte. Der Habicht ist ein Überraschungsjäger, der beim Angriffsflug jede Deckung geschickt ausnutzt. Hier flog er belebte Hauptverkehrsstraßen entlang, hielt sich dabei im Schatten von Dachüberständen und Fassaden und schoss dann plötzlich über die Dächer einer Häuserzeile hinweg in einen Hinterhof, um eine Taube, Elster oder Amsel zu schlagen. Häufig schien er dabei nur auf Verdacht zu jagen. Die kurzen, breiten Flügel und der lange Schwanz, die den Habicht befähigen, bei seinen Jagdflügen im Wald mit hoher Geschwindigkeit auf engstem Raum zwischen Baumstämmen hindurchzumanövrieren, kommen ihm auch in seinem neuen Jagdrevier zugute.

Habicht

Sobald er ein Tier erbeutet hatte, flog er zurück zum Stadtpark, um seine Partnerin und die Jungen zu versorgen. Auch dort hätte er genügend Nahrung finden können, aber obwohl er sich zu über 90 Prozent der Zeit im Vogelschutzgehölz aufhielt, schlug er die Hälfte der erbeuteten Tiere, darunter auch zwei entflogene Wellensittiche, bei seinen Jagdausflügen in die Gärten und Hinterhöfe. Auffällig war, dass die im Stadtpark sehr häufige Ringeltaube, eine bevorzugte Beute der »Landhabichte«, im Beutespektrum des Stadtparkhabichts kaum vorkam. Vermutlich ist die Jagd für den Habicht in seinem Brutrevier schwieriger, weil die Beutetiere dort seine Lebensgewohnheiten und Flugrouten genau kennen und entsprechend auf der Hut sind.

Für den Habicht ist es also ganz offensichtlich lohnender, weil häufiger erfolgreich und damit weniger energieaufwendig, in den Siedlungsbereichen von Barmbek zu jagen und dafür den Hin- und Rückflug in Kauf zu nehmen, als im Stadtpark eine erfolglose Jagd auf die vorsichtigen und wendigen Wildtauben zu riskieren. Dadurch, dass der Habicht innerhalb des großen Stadtteils immer wieder an unterschiedlichen Stellen jagt, bleibt sein Verhalten für Beutetiere unberechenbar. Dank der Straßenbeleuchtung kann er sogar in der Dunkelheit jagen, eine ganz besondere Anpassung an das Stadtleben, die ihm noch größeren Jagderfolg beschert, weil seine Opfer dann schon gar nicht mit einem Angriff rechnen. Das Beutespektrum richtet sich nach dem Angebot und wohl auch nach »persönlicher Erfahrung«. So konnte Christian Rutz anhand von Rupfungsfunden in drei Habichtsrevieren unterschiedliche Vorlieben feststellen: Während die Habichte im Stadtpark und auch auf dem Ohlsdorfer Friedhof vor allem Vögel jagten, schlug ein im Stadtteil Marienthal brütender Artgenosse vor allem Kaninchen.

Eines Tages wurden wir Zeuge einer besonderen Jagdstrategie des Habichts: Vom Stadtparksee her flog eine Lachmöwe über die große Festwiese in Richtung Planetarium. Dort saß das Habichtsmännchen – für die Möwe im Schatten eines

Mauervorsprungs verborgen. Da vor dem Gebäude ein breiter Rasenstreifen als Sichtachse in Richtung Festwiese verläuft, hatte der Greif hier keine Deckung für einen Überraschungsangriff. Wäre er ihr einfach offen entgegengeflogen, hätte die Möwe ihn rechtzeitig entdeckt und den Angriff mit gewandten Flugmanövern parieren können. In diesem Fall zeigte der Habicht die ganze Plastizität seines Verhaltens, die eine wichtige Voraussetzung für das Überleben in der Großstadt ist: Er flog mehrere Runden in ganz engen Kreisen um den Wasserturm, nie seine verräterische Flugsilhouette gegen den Himmel zeigend, bis er seine maximale Angriffsgeschwindigkeit erreicht hatte. Dann erst schoss er der überraschten Möwe entgegen. Die versuchte, im letzten Moment vor dem Angreifer steil nach oben zu ziehen, doch der Habicht warf sich im Flug auf den Rücken und krallte sein Opfer von unten.

Rasante Jagdflüge im Stadtgebiet können aber auch tödlich für den Verfolger ausgehen. Im Stadtteil Wellingsbüttel konnte ich beobachten, wie ein Habicht auf einem großen Villengrundstück einen Fasanenhahn ins Visier genommen hatte. Der hatte seinen Feind rechtzeitig bemerkt und flog ab. Fasanen fliegen dabei typischerweise hoch auf und gehen nach relativ kurzer Distanz im Bogen wieder zur Erde nieder. Ein erfahrener Habicht kennt dieses Flugverhalten und fliegt einfach in geringer Höhe geradeaus weiter, um den niedergehenden Fasan abzufangen. In diesem Falle aber stand ein Haus im Weg, ein Haus mit einem großen Panoramafenster, in dem sich die Bäume und Büsche des Gartens spiegelten. Der angegriffene Fasanengockel flog in hohem Bogen über das Dach, für den Habicht jedoch war es die letzte Jagd – er hatte sich an der Scheibe das Genick gebrochen.

Abgesehen von solchen spektakulären Unfällen – der Knall beim Aufprall war weithin zu hören – bleiben die Aktivitäten von Habicht, Sperber und anderen Greifen in der Stadt meistens unbemerkt. In der Nähe des Schwalbenplatzes in Barmbek-Nord habe ich einem Sperber, sozusagen die verkleinerte Ausgabe des Habichts, dabei zusehen können, wie er eine Amsel kröpfte. Der Sperber verspeiste seine Beute auf dem nur etwa drei, vier Meter breiten Abstandsgrün vor einem Wohnblock, nur durch eine kniehohe Mauer vom Fußweg getrennt. Dennoch schenkte keiner der Passanten der Szene auch nur einen Blick, obwohl sie kaum zu übersehen war. Den Vögeln aber ist diese Art von Nichtbeachtung nur recht. Beim Eichtalpark brütet ein Habicht direkt am Wanderweg. Die Menschen, die dort vorbeigehen, stören ihn nicht. Wenn aber ein Vogelkundler mit Fernglas heraufschaut, lassen sich die Habichte nicht blicken. Auch für die Stadthabichte gilt noch: Wer die Tiere beobachten will, darf sich nicht anmerken lassen, sie entdeckt zu haben.

Die Habichte zeigen also eine ganz andere Strategie der Verstädterung als die futterzahmen Stockenten, die man problemlos beobachten kann und die von sich aus den Kontakt zum Menschen suchen. Auf die eine oder andere Weise haben viele ehemals scheue Tiere inzwischen gelernt, mit dem Menschen umzugehen.

STADTPARK

Der Hamburger Stadtpark liegt im Stadtteil Winterhude und umfasst eine Fläche von knapp 150 Hektar. Als Anfang des 20. Jahrhunderts immer mehr dicht bebaute Arbeitersiedlungen entstanden, forderte der damalige Baudirektor Fritz Schumacher, dem die Stadt wesentliche Grundzüge ihrer Gestaltung mit »Grünachsen« verdankt, den Bau eines Volksparks. Dieser sollte als »grüne Lunge« ein Gegengewicht zu den engen Arbeitervierteln der Umgebung bilden und den Bewohnern zur Erholung und damit zur Erhaltung ihrer Arbeitskraft dienen. Der 1914 eröffnete Park war als gartenarchitektonisches Gesamtkunstwerk konzipiert und setzte neue, international beachtete Maßstäbe für die zeitgenössische Gartenarchitektur und Stadtplanung. Heute präsentiert sich der Stadtpark als eine gelungene Kombination aus Freizeit- und Landschaftspark. Zwischen dem Planetarium im Westen und dem Stadtparksee im Osten gibt es naturnahe Waldbereiche, Wiesen, Teiche und weite Rasenflächen für Spiel und Sport. Damit bietet der Park ein breites Angebot für Freizeitaktivitäten und Erholung und gleichzeitig Lebensraum für viele Tiere und Pflanzen.

Uhubrut auf dem Friedhof

Friedhofsbewohner

Füchse, Gänse und Eulen in Ohlsdorf

An einem Oktobermorgen saß Andrea Folster, Gärtnermeisterin auf dem Ohlsdorfer Friedhof, bei geöffneter Tür in ihrem Büro bei Kapelle 13, als plötzlich etwas Pelziges an ihren Beinen vorbei unter den Schreibtisch huschte. Im ersten Moment dachte sie an eine der vielen halbwilden Katzen, die auf dem Friedhofsgelände leben. Als sie aber unter den Tisch schaute, sah sie dort einen halbwüchsigen, völlig verängstigten Fuchs kauern. Wahrscheinlich hatte er Schutz vor den lärmenden Aufsitzmähern gesucht, mit denen die Friedhofsgärtner ein letztes Mal im Jahr über die Rasenflächen fuhren, und war in Panik der Gärtnerin vor die Füße gelaufen. In seiner Angst hatte er gleich ein paar Kothäufchen auf den Fußboden gesetzt. So ganz geheuer war aber auch ihr die Sache nicht, mit Hilfe eines Kollegen und eines Schrubbers wurde der Fuchs wieder hinauskomplimentiert.

Seit 2002 haben sich wieder Füchse auf dem Ohlsdorfer Friedhof angesiedelt – erstmals seit fast 70 Jahren. Zwei unterirdische Baue hat Herbert Blümke, zugleich Stadtjäger und Naturschutzbeauftragter der Friedhofsverwaltung, auf dem riesigen Gelände gefunden. Er schätzt den Bestand der Füchse auf mittlerweile fünf bis sechs Exemplare. Insgesamt leben auf dem Friedhofsgelände mindestens 26 Säugetierarten – von der winzigen Zwergspitzmaus bis zum Reh – und rund 60 Brutvogelarten. Dieser Artenreichtum ist Folge der enormen Biotopvielfalt auf dem Ohlsdorfer Friedhof, der mit einer Fläche von 400 Hektar der größte Parkfriedhof der Welt ist. Waldartige Bereiche und lockerer Baumbestand wechseln sich ab mit Hecken und Gebüschen, Rasenflächen, Wiesen und Teichen. Die Grabfelder fallen in dieser Umgebung kaum auf. Rund 30 Hektar bleiben als so genannte Ökoflächen sich selbst überlassen, so dass sich die Natur hier frei entfalten kann.

Der heutige Arten- und Strukturreichtum geht auf die Anfänge des Ohlsdorfer Friedhofs zurück. Angelegt wurde er in den siebziger Jahren des 19. Jahrhunderts in der Ohlsdorfer Feldmark, damals noch weit außerhalb der Stadt gelegen. Der erste Friedhofsdirektor, Wilhelm Cordes, ließ die Landschaft in eine parkartige Anlage nach dem Vorbild englischer Landschaftsgärten verwandeln. Später richtete sich die Gestaltung nach streng geometrischen Formen, die durch gerade Hecken und Baumreihen erzielt wurden. Zu dieser Zeit war es Mode, exotische Gehölze anzupflanzen – heute gibt es hier rund 450 verschiedene Arten, Sorten und Varietäten von Bäumen und Sträuchern aus unterschiedlichsten Regionen. Neben heimischen Eichen, Buchen und Birken wachsen Kiefern aus dem Himalaja, Zedern aus Marokko, kalifornische Mammutbäume und sibirische Wacholder. Man findet japanische Lärchen und Ahorne, koreanische Sicheltannen, die Esskastanie aus dem Mittelmeerraum, die chinesische Flügelnuss oder den Schneeglöckchenstrauch aus Nordamerika. Im Mai und Juni versetzen 60 000 blühende Rhododendronbüsche, ursprünglich als Sichtschutz um die einzelnen Grabfelder gepflanzt, den Friedhof in einen wahren Farbenrausch. Die Blütenpracht darf jedoch nicht darüber hinwegtäuschen, dass die exotischen Rhododendren für die heimische Tierwelt wenig zu bieten haben. Bienen oder Hummeln finden

Sumpfzypressen auf dem Ohlsdorfer Friedhof

hier gerade noch ein zeitlich eng begrenztes Nektarangebot, bei Sorten mit gefüllten Blüten nicht einmal das.

Die meisten Insekten, deren Larven auf ganz bestimmte Futterpflanzen angewiesen sind, gehen bei den Exoten leer aus, weil sie auf heimische Pflanzen spezialisiert sind. Diese

Abhängigkeit kann so weit gehen, dass zum Beispiel manche Schmetterlingsraupen nur die Blätter einer einzigen Pflanzenart fressen. An den Blättern der Rhododendren und anderer Exoten wird man Fraßspuren dagegen vergeblich suchen – gut für den Gärtner, aber schlecht für die Artenvielfalt, denn von den Raupen leben wiederum die Vögel. Sie sind im Herbst auf Beerennahrung aus, und auch in dieser Beziehung sind heimische Gehölze den Exoten weit überlegen. So ernähren etwa die Beeren des heimischen Wacholders 43 Vogelarten, die des Chinesischen Wacholders dagegen nur eine einzige. Deshalb werden inzwischen wieder verstärkt heimische Sträucher wie Weißdorn, Schlehe, Holunder, Faulbaum und Haselnuss angepflanzt und, wo immer es möglich ist, Rasenflächen in Wildblumenwiesen umgewandelt. Eigens angelegte Totholzhaufen bieten Unterschlupf für Igel, Spitzmaus, Zaunkönig und das kleinste Raubtier der Welt, das Mauswiesel.

Fuchs

Den Füchsen bietet der Friedhof genügend Nahrung. Mäuse, Ratten, Kaninchen, Vogeleier und Jungvögel – als Allesfresser nehmen sie, was sie finden. Der Naturfilmer David Potter, der seit Jahren die Tier- und Pflanzenwelt des Ohlsdorfer Friedhofs dokumentiert, konnte sogar einmal einen Fuchs filmen, der vom

Ufer eines Teiches aus mit blitzschnellem Biss mehrere Fische hintereinander fing und sie anschließend versteckte. Möglicherweise waren die Fische durch Sauerstoffmangel im Wasser bereits geschwächt, so dass der Fuchs leichte Beute machen konnte. Angesichts des Nahrungsangebots ist es erstaunlich, dass der Fuchs erst 2002 auf dem Friedhof wieder heimisch geworden ist. In den ländlichen Randbezirken Hamburgs ist er schon lange anzutreffen und wagt sich auf seinen nächtlichen Streifzügen auch immer weiter in die Stadt vor, doch eine dauerhafte Besiedlung des eigentlichen Stadtbereichs ist ihm bis jetzt noch nicht gelungen. Ganz anders in London, wo es seit Jahren eine fest etablierte Population von Stadtfüchsen gibt, oder auch in Berlin. Dort kann man am helllichten Tag in der Innenstadt Füchsen begegnen, die vor Imbissbuden und Gemüseständen nach Fressbarem suchen. Die Ohlsdorfer Füchse trauen sich bis jetzt nur ausnahmsweise in die Nähe der Menschen. Besucher berichteten einmal von einem Tier, das hinter einem Grabstein hockte und sie aufmerksam beobachtete.

Grundsätzlich vereint der sprichwörtlich schlaue Fuchs alle Eigenschaften in sich, die ein Tier braucht, um erfolgreich in der Stadt überleben zu können: Intelligenz, hohes Lernvermögen, Neugier, verbunden mit Vorsicht, und die Fähigkeit, unterschiedliche Situationen blitzschnell erfassen und angemessen reagieren zu können. Vermutlich ist es nur eine Frage der Zeit, bis auch die Hamburger Füchse ihre Scheu vor den Menschen ablegen und sich in ihre Nähe vorwagen. Wenn es einer mutigen Füchsin erst einmal gelingt, in der Stadt ihre Welpen erfolgreich großzuziehen, wird sie es wieder tun, und auch ihre Nachkommen, von klein auf an das Stadtleben gewöhnt, werden sich hier ansiedeln.

Ein weiterer Friedhofsbewohner ist der nachtaktive Iltis, ein Verwandter des Steinmarders. Während der Marder mit Vorliebe Dachböden bewohnt, zieht es den Iltis in den Untergrund. Rattenlöcher und Kaninchenbaue sind ein beliebter Unterschlupf, auf dem Friedhof dient auch schon mal ein Regengully als Kinderstube – bei starken Regenfällen nicht nur ungemütlich, sondern auch nicht ungefährlich für den Nachwuchs. Bei zu viel Feuchtigkeit im Bau können die Jungen leicht unterkühlen, oder, wenn viel Wasser eindringt, darin ertrinken. Bei Bedrohung versprühen die Tiere ähnlich wie die nordamerikanischen Stinktiere ein übel riechendes Drüsensekret, deshalb nennt man den Iltis auch Stinkmarder.

Iltisse sind in Hamburg weit verbreitet, doch im Gegensatz zum Steinmarder, der sich als nächtlicher Poltergeist bemerkbar macht, führen sie eine heimliche, unauffällige Lebensweise. Wenn ein Iltis in einem Geräteschuppen oder unter einer Gartenlaube wohnt, bleibt das meistens unbemerkt. Nur in seltenen Fällen verrät er seine Anwesenheit: Eines Tages bekam ich einen Anruf von einem Mann aus Wellingsbüttel, der eine kuriose Entdeckung gemacht hatte. In einer Ecke seines Schuppens, den er nach längerer Zeit wieder einmal betreten hatte, lag ein ganzer Berg voll Fische. Ein Kinderstreich kam als Erklärung nicht in Frage, da die Schuppentür, wie er sagte, immer fest verschlossen war. Also konnte es sich nur um die Hinterlassenschaft eines Iltisses handeln. Die Tiere haben nämlich die Angewohnheit, sich bei Nahrungsüberfluss einen Lebendvorrat anzulegen. Im Frühjahr fangen sie am liebsten laichende Frösche, die mit einem Biss ins Genick gelähmt und in ein Versteck getragen werden. Die Frösche können nicht weglaufen, verderben aber auch nicht, solange sie am Leben sind. Offenbar hatte der Iltis diese besondere Methode bei Fischen anwenden wollen, was wegen der Kiemenatmung der Beute scheitern musste.

Zu den beliebten Beutetieren gehören auch Ratten und Kaninchen, denen das wendige Raubtier bis in ihre unterirdischen Baue folgt. Deshalb wird die gezähmte Albinoform des Iltisses, das Frettchen, vom Menschen auch als Jagdhelfer eingesetzt. Ein Frettchen, das ein Glöckchenhalsband trägt, wird in einen Kaninchenbau geschickt, und die herausflüchtenden Tiere werden von Jägern geschossen. Das Glöckchen ist wichtig, weil damit die Kaninchen gewarnt werden sollen. Denn wenn das Frettchen ein Tier erwischt, kann der Jäger lange auf seinen Helfer warten. Es verzehrt seine Beute noch im Bau und hält dort anschließend einen stundenlangen Verdauungsschlaf.

Obwohl Fuchs, Iltis, Steinmarder, Hermelin und Waschbär auf dem Ohlsdorfer Friedhof jagen, vermehren sich Graugänse dort prächtig. Allein 2005 zählte Herbert Blümke acht Paare mit zusammen 60 Gösseln, ein Paar führte sogar 15 Küken. Die Gänse werden schon regelrecht lästig. Sie verkoten Wege und Grabstellen, zupfen frisch gepflanzte Stauden von den Gräbern und reißen Schnittblumen aus Grabvasen, um die genießbaren Teile zu fressen. Noch dichter besiedelt ist der Öjendorfer Friedhof im Osten der Stadt. Hier tummeln sich tagsüber große Gänsescharen und beanspruchen unmissverständlich die Rasenflächen der Grabfelder für sich. Schon so mancher Ganter hat Friedhofsbesucher mit drohend vorgestrecktem Hals angefaucht, um Weibchen und Revier zu verteidigen. Dabei liegt das eigentliche Brutrevier der Gänse außerhalb des Friedhofs, am unmittelbar benachbar-

Graugänse

ten Öjendorfer See. Dieses 46 Hektar große künstliche Gewässer im Öjendorfer Park hat mehrere mit Buschwerk und Bäumen bewachsene Inseln, und in seinem nordöstlichen Teil wachsen ausgedehnte Schilfröhrichte, die als Vogelschutzzone ausgewiesen sind. Beste Brutbedingungen also für Graugänse. Bis zu 40 Paare brüten am Öjendorfer See. Die großen Rasenflächen im Park wären für sie ideal zum Äsen, doch die werden tagsüber zur Spielwiese frei laufender Hunde. Das Problem haben die schlauen Gänse optimal gelöst: Am Tag weichen sie mit ihren Gösseln auf den Friedhof aus und kommen nur nachts, wenn keine Menschen und vor allem keine Hunde mehr auf den Parkwiesen sind, zurück. Der Zaun, der zum Schutz vor ungebetenen Gästen um das Friedhofsgelände gezogen ist, stellt für sie kein Hindernis dar. Trotz aller Bemühungen der Friedhofsverwaltung, sie endgültig auszusperren, finden die Vögel immer wieder ein Schlupfloch.

Das Vorkommen der Graugänse in Hamburg geht auf gezielte Wiederansiedlungsmaßnahmen zurück. Wegen systematischer Verfolgung und der Zerstörung natürlicher Lebensräume waren wilde Graugänse schon gegen Ende des 19. Jahrhunderts aus dem Hamburger Raum verschwunden. In den 1950er und 1960er Jahren dann setzten Wasservogelfreunde um den damaligen Hamburger Schwanenbetreuer Harald Nieß zahme, aber voll flugfähige Graugänse an der Alster, am Stadtparksee, am Bramfelder See, im Alten Botanischen Garten und an der Harburger Außenmühle aus. Seit den achtziger Jahren breiten sich die Vögel kontinuierlich in alle geeigneten Lebensräume aus, gleichzeitig wuchsen die Bestände stark an. Heute dürfte der Brutbestand der Graugans in Hamburg bei rund 150 Paaren liegen, hinzu kommen noch zahlreiche Nichtbrüter.

Am Öjendorfer See brüten Graugänse regelmäßig erst seit 1980, zunächst nur in wenigen Paaren, ab etwa Mitte der 1990er Jahre kam es zu einem deutlichen Anstieg. Seit 1987 untersucht der Vogelkundler Hans-Joachim Hoff Bestandsentwicklung und Verhalten der Öjendorfer Graugänse. Dazu werden Gössel und Altvögel während der Mauser gefangen und beringt, was seit 1992 auch im übrigen Stadtgebiet geschieht. Anhand von Ringablesungen konnte festgestellt werden, dass ein Teil der Nichtbrüter vom Öjendorfer See regelmäßig zur etwa 30 Flugkilometer entfernten Wedeler Marsch westlich von Hamburg fliegt, um dort zu äsen. Das Nahrungsangebot an der Elbe ist erheblich größer, allerdings sind diese Ausflüge nicht ungefährlich. Denn in der Wedeler Marsch werden während der Jagdsaison Gänse auf den binnendeichs gelegenen Grünlandflächen bejagt. Die Gänse stellen sich in erstaunlicher Weise auf die jeweiligen Gegebenheiten ein. Dieselben Vögel, die auf dem Öjendorfer Friedhof zwischen den Besuchern herumlaufen und teilweise sogar Brot aus der Hand nehmen, verhalten sich in der Marsch wie ihre wilden Artgenossen und halten eine Fluchtdistanz von mehreren hundert Metern ein. Nichts ist so falsch wie der Ausdruck »Dumme Gans«!

Etwa ab Juli, sobald die Jungvögel flügge sind, fliegen auch die Familien in die Wedeler Marsch, wo sich regelmäßig mehrere hundert bis einige tausend Gänse versammeln. Je nach Witterung überwintert ein Teil von ihnen an der Elbe, andere wandern im Herbst ab. Die Öjendorfer Gänse schließen sich den wilden Gänsen an und begleiten sie manchmal auf ihren weiten Wanderungen – einige wurden schon in Holland, Dänemark, Norwegen und Frankreich gesehen. Einen besonders wanderlustigen Vogel verschlug es bis nach Südspanien in die Coto de Doñana, 2225 Kilometer von Hamburg entfernt.

In Hamburg selbst haben sich drei klar abgegrenzte Brutpopulationen herausgebildet, die sich zumindest zur Brutzeit untereinander kaum vermischen. Hauptvorkommen sind der Öjendorfer Friedhof mit See, der Ohlsdorfer Friedhof samt Umgebung sowie der Alsterbereich. Offenbar hält ein Großteil der Graugänse zäh an seinen traditionellen Brutgewässern fest. Auch das Hamburger Umland haben diese schönen und intelligenten Vögel längst erobert und sind wieder an nahezu allen norddeutschen Gewässern zu finden.

Etwa zeitgleich mit den Graugänsen setzte Harald Nieß die aus Nordamerika stammenden Kanadagänse an verschiedenen Parkgewässern aus. Bis etwa Mitte der 1990er Jahre brütete die Kanadagans ausschließlich im städtischen Bereich mit den Schwerpunkten mittlerer Alsterlauf, Ohlsdorfer Friedhof und Bramfelder See. Im Gegensatz zur Graugans ist ihr die Eroberung des Lebensraumes Stadt aber bis heute nicht recht gelungen, obwohl geeignete Brutplätze – vorwiegend deckungsreiche Inseln – zur Genüge vorhanden sind. Vermutlich ist ihr spezielles Verhalten bei der Jungenaufzucht dafür verantwortlich. Beide Gänsearten brauchen zur Fütterung ihrer Jungen ausreichend große, möglichst störungsfreie Äsungsflächen, die in der Stadt nicht immer in der Nähe der Brutplätze vorhanden sind. In solchen Fällen führen Graugänse ihre Gössel über größere Distanzen schwim-

Kanadagans und Graugans

mend und laufend, notfalls auch mitten durch den Straßenverkehr, zu geeigneten Flächen zum Beispiel im Alstervorland, wo sich dann viele Familien versammeln. Kanadagänse dagegen bleiben mit ihrem Nachwuchs sozusagen auf Gedeih und Verderb am Brutort, auch wenn die Küken dort verhungern müssen. Im Jahr 2001 wurde im gesamten innerstädtischen Gebiet nur ein einziges Kanadagössel flügge. Es gibt zwar noch viele Nichtbrüter, aber erfolgreich brütende Kanadagänse sind im Hamburger Stadtgebiet rar geworden.

Im Harburger Außenmühlenpark, südlich der Elbe, waren in den 1960er Jahren ebenfalls Kanadagänse ausgesetzt worden, die, wie Ringablesungen ergaben, kaum Kontakt zu ihren Artgenossen in Hamburg hatten. Gut 20 Jahre lang entwickelte sich dieser kleine Brutbestand kaum. Erst nachdem im Laufe der 1990er Jahre einige Tiere aus der Harburger Population ausgewandert und elbaufwärts in die Vier- und

Graureiher

Marschlande im Südosten Hamburgs gelangt waren, kam es zu einer rapiden Ausbreitung. Offenbar fanden die Gänse dort optimale Bedingungen vor, denn innerhalb weniger Jahre wurden nicht nur weite Bereiche der Hamburger Elbmarschen besiedelt, sondern auch angrenzende Gebiete in Niedersachsen. Damit scheint der Vormarsch der Kanadagans als inzwischen heimischer Brutvogel in Norddeutschland nicht mehr aufzuhalten.

Während die Kanadagans als städtischer Parkvogel die freie Landschaft erobert, dringt umgekehrt ein anderer Vogel von dort in die Stadt ein. Graureiher, noch vor 30 Jahren in Deutschland stark bedroht, fischen heute an allen Hamburger Parkgewässern und lauern manchmal in den frühen Morgenstunden sogar an Gartenteichen auf Goldfische oder Koikarpfen. Seit einigen Jahren hat sich eine stetig wachsende Reiherkolonie auf einer Insel mit dichtem Baumbestand im Bramfelder See angesiedelt, unmittelbar südlich des Ohlsdorfer Friedhofs. Früher wurden die Vögel als angebliche Fischräuber stark verfolgt, inzwischen genießen sie vollständigen Schutz. Seitdem haben sich die Bestände gut erholt.

Am Bramfelder See kann man das Leben und Treiben in der Kolonie aus geringer Distanz gut verfolgen. Mehr als 30 mächtige Horste stehen hoch in den Bäumen, die vom ätzenden Kot der Vögel wie weiß gekalkt aussehen. Die keckernden Rufe der ewig hungrigen Jungvögel und die rauen Schreie der Altreiher, die mit ihren langen Stelzenbeinen erstaunlich geschickt auf dünnen Ästen landen und balancieren können, sind weithin zu hören. Im Frühjahr 2006 haben sich auch am Öjendorfer See zwei Paare zum Brüten niedergelassen, möglicherweise der Beginn einer neuen Reiherkolonie. Geradezu sensationell ist das Vorkommen einer anderen Reiherart im Schilfgürtel des Öjendorfer Sees. Die Große Rohrdommel, die in Deutschland vom Aussterben bedroht ist und weltweit als gefährdet gilt, hat hier ein schon traditionelles Überwinterungsquartier. Bis zu sieben Exemplare wurden gleichzeitig gesichtet, vielleicht aber sind es noch mehr, denn es gehört sehr viel Glück und Erfahrung dazu, diese scheuen Tiere zu entdecken. Rohrdommeln sind Meister der Tarnung: Droht Gefahr, recken sie Hals und Schnabel senkrecht nach oben und verharren absolut reglos. In dieser so genannten Pfahlstellung sind die bräunlichgelb-dunkel gestreiften Vögel im Gewirr der Schilfhalme praktisch unsichtbar.

Leichter zu entdecken ist der farbenprächtige Eisvogel, der sowohl auf dem Öjendorfer als auch auf dem Ohlsdorfer Friedhof in künstlich errichteten Nistwänden brütet. In Öjendorf ist das Jagdrevier der Vögel der naturnah gestaltete Schleemer Bach, in Ohlsdorf fischen sie in den dort angelegten Teichen. Eisvögel gehören sicherlich zu den Highlights, sind aber doch nur Teil eines überaus artenreichen Vogelbestandes der beiden Friedhöfe. Insbesondere der Ohlsdorfer Friedhof gilt Vogelfreunden seit jeher als beliebtes Exkursionsziel. In den vergangenen Jahrzehnten ist es hier wie in der Stadt generell immer wieder zu starken Veränderungen der Vogelwelt gekommen, eine Entwicklung, die sowohl die dynamische Veränderung der Lebensräume als auch überregionale Bestandstrends widerspiegelt.

Seit den 1960er Jahren wird diese Entwicklung der Hamburger Vogelwelt im Auftrag der Staatlichen Vogelschutzwarte dokumentiert. Wie schnell Bestandsveränderungen vonstatten gehen können, zeigt ein Vergleich des Vogelbe-

Reiherkolonie am Bramfelder See

standes von 1982/83 und 1997 in einem so genannten Transekt, einem festgelegten Gebietsausschnitt, in diesem Fall ein zwei Kilometer breiter Streifen von der Innenstadt bis zur nördlichen Stadtgrenze. Innerhalb von nur 15 Jahren explodierten die Populationen einiger Arten förmlich. So stieg die Zahl der Reviere des Rotkehlchens von 80 auf 306, die der Dompfaffen von 49 auf 249, und beim Zaunkönig war eine Zunahme der Reviere von 136 auf 647 zu verzeichnen. Gleichzeitig wuchsen auch die Bestände von Elster, Rabenkrähe und Eichelhäher. Das verbreitete Vorurteil, die Rabenvögel würden die Kleinvögel bedrohen, ja ausrotten, lässt sich demnach durch Fakten nicht bestätigen, was auch für die immer wieder gern zitierte Übervermehrung gilt. Dass die Zahl der Krähen nicht in den Himmel wächst, sondern die Gesetze der Natur auch in der Stadt gelten, zeigt sich auch auf dem Ohlsdorfer Friedhof deutlich.

Die großen Trupps von Rabenkrähen, die sich dort zu Dutzenden aufhalten und auf den ersten Blick auf eine Überpopulation – die es aus ökologischer Sicht gar nicht geben kann – hinzuweisen scheinen, sind in Wirklichkeit Nichtbrüter, so genannte Junggesellenverbände, die auf ein frei werdendes Revier lauern. Denn nur wenn die Vögel ein geeignetes Revier finden und gegen Artgenossen behaupten, können sie auch brüten. Die Junggesellen versuchen daher gemeinsam, ein Revier zu erobern. Sie vermögen brütende Krähenpaare derart zu belästigen und in ständige Streitigkeiten zu verwickeln, dass deren Bruterfolg deutlich sinkt. Da die Zahl der Reviere begrenzt ist, sorgen die Nichtbrüter so für eine wirksame Begrenzung des Bestandes. Je mehr Krähen es insgesamt gibt, desto weniger Junge werden flügge. Die Junggesellen bilden die Brutreserve, durch die Verluste unter den brütenden Krähen sofort ausgeglichen werden können. Gelingt es, die Inhaber eines Reviers zu vertreiben, wird dieses von dem stärksten Paar aus dem Nichtbrüterschwarm übernommen und muss von nun an gegen die Attacken der ehemaligen Mitstreiter verteidigt werden.

Rabenkrähen regulieren nicht nur ihre eigene Bestandsentwicklung, sondern greifen auch in die der Elstern ein, indem sie deren Nester systematisch zerstören und die Besitzer aus ihrem Revier vertreiben. Da Rabenkrähen mittlerweile praktisch alle Parks und Grünanlagen besiedelt haben und zunehmend auch in die Gartenstadt vordringen, wird die Elster immer mehr in die Innenstadtbereiche abgedrängt. Sobald die Krähen sich auch dort etablieren, wird die Zahl der brütenden Elstern in Hamburg möglicherweise drastisch zurückgehen. Was angesichts ihrer Häufigkeit in der Stadt heute noch unvorstellbar scheint, ist außerhalb längst passiert. In der freien Landschaft ist die Elster auffallend selten geworden. Denn sie braucht zur Nahrungssuche offene Böden oder zumindest Flächen mit niedriger Vegetation, wo sie ihre Hauptnahrung, Regenwürmer, Schnakenlarven und anderes Kleingetier, findet. Durch die Umstellung in der Landwirtschaft von Sommer- auf Wintergetreide, das bereits im Frühjahr zur Brutzeit der Elstern hoch aufwächst, finden die Vögel auf den Feldern keine Nahrung mehr für ihre Jungen. Die Eroberung der Stadt war für die Elster somit eine Überlebensfrage. Die vielen kurz geschorenen Rasenflächen in den Parks und Gärten waren und sind idealer Ersatz für die mangelnden Nahrungsbiotope auf dem Land. Die Nutzung von Zivilisationsabfällen und die abnehmende Scheu vor dem Menschen, die ihr die Besiedlung von Kleingärten und Hinterhöfen ermöglichte, führten in den letzten Jahrzehnten zu einem enormen Bestandszuwachs. Doch die Überlegenheit der Rabenkrähen könnte den schwarz-weißen Vogel vielleicht schon bald auf die »Rote Liste« der bedrohten Tierarten verdrängen. Schon heute stagniert der Elsternbestand in Hamburg, ist teilweise sogar leicht rückläufig.

Auch auf dem Ohlsdorfer Friedhof haben die Krähen die Elstern schon weitgehend verdrängt. Die kopfstarken Junggesellenverbände der Rabenkrähen sorgen hier immer wieder für einige Unordnung. Sie zerfleddern Grabgestecke, ziehen frisch gepflanzte Stiefmütterchen und Begonien aus der Erde oder reißen in scheinbarer Zerstörungswut wahllos Blüten ab. Vermutlich handelt es sich dabei um Neugierverhalten und spielerischen Zeitvertreib der intelligenten Vögel. Nicht nur Elstern, auch andere Tiere haben gelegentlich unter ihren

Uhu

Attacken zu leiden. Herbert Blümke sah eines Tages, wie Krähen eine Waldohreule angriffen und zu Boden brachten. Bei der Überzahl hatte die Eule keine Chance, deshalb nahm der Gärtnermeister das Tier erst einmal mit in sein Büro, wo es auf der Fensterbank vor Schreck ein Ei fallen ließ.

Der Herrscher des Ohlsdorfer Friedhofs aber ist der Uhu, die größte Eule Europas. Im Jahr 2002 brütete erstmals ein Paar in einem alten Habichtshorst. Die Herkunft des Brutpaares ist nicht genau geklärt, sicher ist nur, dass es sich um gezüchtete Tiere handelt. Noch vor wenigen Jahrzehnten standen frei lebende Uhus in Deutschland vor der Ausrottung. Deshalb wurden in einigen Bundesländern Programme zur Auswilderung gezüchteter Uhus gestartet, die sehr erfolgreich verliefen. Heute sind die »Könige der Nacht« wieder in vielen Gegenden Deutschlands verbreitet, und auch in Hamburg werden sie zahlreicher. Hier tauchen die halbzahmen Tiere an den ungewöhnlichsten Orten auf, etwa am Bismarckbad in Altona, am Barmbeker Bahnhof oder an den Bürogebäuden der City Nord, wo sie den Tag verdösen. Auch ein Uhu auf einem Fenstersims im dritten Stock eines Mietshauses ist nichts Ungewöhnliches – Plätze, an denen ein scheuer Wilduhu niemals auftauchen würde.

Die Begegnung mit einem Uhu ist ein faszinierendes Erlebnis, zumal mitten in der Stadt, doch kann sein gebietsweise unnatürlich hoher Bestand andere Tierarten stark gefährden. Das Beutespektrum des Uhus reicht von der Ratte bis zum Rehkitz, von der Amsel bis zum Auerhuhn. Ausgewilderte Uhus haben bereits lokale Populationen der Schleiereule und der Rohrweihe, eines seltenen Greifvogels, komplett ausgelöscht. Auch der Habicht auf dem Ohlsdorfer Friedhof überließ seinen Horst dem stärkeren Uhu nicht freiwillig. In der Nähe seines ehemaligen Brutplatzes fand man die Überreste des Vogels, ebenso die zweier gerupfter Sperber. 2002 und 2003 zogen die großen Eulen insgesamt fünf Küken in dem Habichtshorst auf, und seit 2005 brüten sie in einer Pflanzschale auf einem Grabstein in nur etwa einem Meter Höhe.

Junge Uhus

Uhus sind in der Wahl ihres Neststandortes sehr anpassungsfähig und können sowohl auf Bäumen, am Bo-

Uhu in Altona

den oder an Felswänden, sprich Gebäuden, brüten. Da auch Beutetiere, insbesondere Ratten, Tauben, Igel und Kaninchen, im Überfluss vorhanden sind, steht einem erfolgreichen Großstadtleben nichts entgegen. Und wie sicher sich die Tiere auch Menschen gegenüber fühlen, zeigt die Geschichte einer älteren Dame aus Wilhelmsburg. Bei einem Abendspaziergang mit ihrem Dackel spürte sie plötzlich einen Ruck an der Hundeleine und sah, als sie sich umdrehte, den jaulenden Hund in den Fängen eines Uhus schon über dem Boden schweben. Resolut zog sie beide wieder herunter und schlug die Eule mit einem Regenschirm in die Flucht. Und auf dem Ohlsdorfer Friedhof brachte die Attacke eines Uhus auf einen Hund dessen Besitzern höchst nachdrücklich in Erinnerung, dass das Mitnehmen von Hunden auf den Friedhof strikt untersagt ist. Auch Füchse und Marder werden angegriffen, wenn sie sich in die Nähe der Junguhus wagen. Mit ihren dolchartigen Krallen können die kräftigen Vögel auch Menschen schwerste Verletzungen zufügen.

Spektakuläre oder in Deutschland besonders seltene Arten wie der Uhu wurden und werden mit viel Aufwand in ihrem Bestand geschützt. Dabei sind viele dieser »Flaggschiffe« des Naturschutzes global betrachtet faktisch nicht gefährdet. Fischadler und Wanderfalke beispielsweise sind weltweit verbreitet, und auch der Uhu besiedelt ein riesiges Verbreitungsgebiet, das sich über ganz Eurasien erstreckt. Erst in jüngster Zeit zeigte eine Auswertung der verzeichneten Verbreitung und Häufigkeit europäischer Vogelarten, dass im Hinblick auf den Erhalt der Artenvielfalt andere Vögel, die zum großen Teil auch auf dem Ohlsdorfer Friedhof vorkommen, weit mehr unsere Aufmerksamkeit verdienen als Uhu, Falke und Adler. Die Untersuchung zeigte, dass zum Beispiel jeweils rund ein Viertel des gesamten Weltbestandes von Sumpfmeise und Sommergoldhähnchen in Deutschland lebt. Und Amsel, Singdrossel, Buntspecht und Kleiber, auch Mäusebussard, Habicht, Waldkauz und Waldohreule kommen nirgendwo in Europa so häufig vor wie bei uns. Auch für den Schutz von Ringeltaube, Heckenbraunelle, Grünfink und Blaumeise hat Deutschland eine besondere Verantwortung. So gesehen trägt der Ohlsdorfer Friedhof mit zum Erhalt der globalen Artenvielfalt bei.

»Automarder«

Wilde Haustiere

Fledermäuse, Marder und Schaben als Mitbewohner

Im Herbst herrscht Hochbetrieb beim »Fledermaus-Nottelefon« des Naturschutzbundes Hamburg. Dann gehen fast täglich Anrufe ein wie der einer Frau aus Hamburg-Harburg, die morgens in den Falten ihrer Küchengardine fast 30 Fledermäuse entdeckte. Wie sich herausstellte, waren es junge Zwergfledermäuse, die bei ihrer Suche nach einem Schlafplatz für den Tag durch das gekippte Küchenfenster in den warmen Raum eingedrungen waren. Ein Routine-Einsatz für die Mitarbeiterin des Nottelefons. Sie setzte die Tiere in einen Karton, in dem sie den Tag über blieben, und hängte sie in den Abendstunden an eine Hauswand. Mit Einbruch der Dunkelheit flogen sie davon. Ungewöhnlicher gestaltete sich eine andere Rettungsaktion: Eine Breitflügelfledermaus, die sich in einen karg möblierten Wohnraum verirrt hatte, wurde erst nach endloser Suche in einem leeren Büroordner entdeckt, wo sie am Innenbügel hing und schlief. Das Loch im Ordnerrücken hatte dem Tier ein passendes Tagesquartier signalisiert. Teilweise müssen Bücherregale leer geräumt und Schränke von der Wand gerückt werden, um die kleinen Irrflieger zu bergen. Kurios war der Fund einer Wasserfledermaus in einem Autohaus in Wandsbek: Ein Mechaniker entdeckte das Tier hinter dem Motorblock einer Luxuskarosse.

Breitflügelfledermaus

Die in Hamburg noch weit verbreiteten Zwerg- und Breitflügelfledermäuse gehören zur Gruppe der so genannten Hausfledermäuse. Sie suchen an Hauswänden oder auf Dachböden nach Schlafmöglichkeiten und geraten vor allem im Herbst bei ihrer Suche nach Winterquartieren immer wieder in Wohn- und Büroräume. Die bevorzugten Sommerquartiere dieser beiden Arten unterscheiden sich deutlich voneinander: Zwergfledermäuse suchen kleinste Ritzen und Spalten, in die sie sich hineinquetschen können – je enger, desto besser. Das kann hinter Fensterläden und in Rollladenkästen sein, in Dehnungsfugen von Brücken und Betonbauten, hinter Firmenschildern an Außenwänden oder hinter Dachverschalungen. Viel Platz benötigen sie nicht. Mit einer Körperlänge von durchschnittlich sieben Zentimetern einschließlich Schwanz und einem Gewicht von nur vier bis acht Gramm passen sie bequem auf den Daumen eines Menschen. Sie sind die kleinste heimische Fledermausart und eines der kleinsten Säugetiere in Europa überhaupt. Die im Vergleich dazu fast doppelt so großen Breiflügelfledermäuse halten sich gern auf

Dachböden auf, wo sie sich unter Dachlatten oder hinter Balken verstecken und daher für gewöhnlich unsichtbar bleiben. Nur die porösen länglichen Kotwürstchen, die aus fein zerkleinerten Insektenresten bestehen und gehäuft auf den Bodenbrettern liegen, verraten die heimlichen Mitbewohner.

Die kalte Jahreszeit verbringen Fledermäuse in geschützten Winterquartieren. Das können, je nach Fledermausart verschieden, Fels- oder Baumhöhlen sein, aber auch Bunker oder kühle, feuchte Keller. Das größte bekannte Winterquartier Hamburgs und eines der ungewöhnlichsten befindet sich in der obersten Etage eines Parkhauses im Bezirk Wandsbek. Hier versammeln sich alljährlich bis zu 1500 Zwergfledermäuse. Eingeklemmt in senkrechten Dehnungsfugen und somit trotz ihrer großen Zahl von außen unsichtbar, verbringen sie hier den Winter im Zustand einer todesähnlichen Kältestarre, bei dem der gesamte Stoffwechsel auf ein absolutes Minimum gedrosselt wird und die Körpertemperatur bis fast auf den Nullpunkt absinken kann. Dennoch reagieren die Tiere auch in dieser Verfassung sehr sensibel auf Störungen. Bereits das Anleuchten mit einer Taschenlampe reicht aus, um sie zu beunruhigen und schlimmstenfalls aus ihrer Lethargie zu wecken. Dann wird ein Notprogramm gestartet, bei dem der Stoffwechsel sehr schnell so weit »hochgefahren« wird, dass die Tiere bei Gefahr notfalls flüchten können. Dieser Vorgang kostet sehr viel Energie, die eigentlich gebraucht wird, um im Frühjahr wieder aufzuwachen. Wiederholte Störungen bedeuten daher für die Fledermäuse meistens den sicheren Tod. Umso bemerkenswerter ist das Winterquartier in einem benutzten Parkhaus.

Trotz ihrer Störanfälligkeit lassen der Lärm und das helle Scheinwerferlicht der ein- und ausfahrenden Autos die Tiere

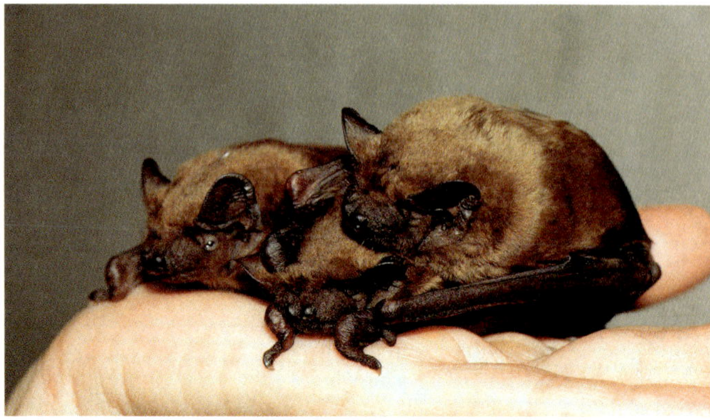

Großer Abendsegler

im wahrsten Sinne des Wortes kalt. Ganz offensichtlich haben sie gelernt, dass von diesen regelmäßig auftretenden optischen und akustischen Reizen für sie keine Gefahr ausgeht, und sich daran gewöhnt. Das bedeutet jedoch nicht, dass diese Fledermäuse grundsätzlich unempfindlich gegen Störreize sind. Wenn ein Fledermausschützer die Schlafgesellschaft bei einer der unregelmäßig und selten stattfindenden Kontrollen kurz mit der Taschenlampe anleuchtet, reagieren die Tiere wie gewohnt nervös.

Die vielen Anrufe, die beim Fledermaus-Nottelefon eingehen, helfen nicht nur, die zahlreichen Irrflieger zu retten. Gleichzeitig liefern sie auch wertvolle Hinweise auf Vorkommen und Verbreitung dieser insgesamt bedrohten Tiere in der Großstadt. Von den knapp zehn Arten, die sich in Hamburg regelmäßig fortpflanzen, treten nur vier im Stadtgebiet regelmäßig auf, neben Zwerg- und Breitflügelfledermäusen die Wasserfledermaus und der Große Abendsegler. Wenn die Fledermausschützer zu Einsätzen gerufen werden, finden sie auch Angehörige von Arten vor, die in Hamburg normalerweise gar nicht oder sehr selten vorkommen. Auf diese Weise stellten sie fest, dass Hamburg auf der Route wandernder Fledermäuse liegt. Einige Arten legen nämlich ganz ähnlich wie Zugvögel weite Strecken von Nord- und Osteuropa, wo sie sich im Sommer aufhalten, zu ihren Winterquartieren in Südwestdeutschland oder Frankreich zurück.

Manche Fernwanderer wie der Große Abendsegler, aber auch die winzige Rauhautfledermaus, fliegen bis zu 1600 Kilometer weit und überqueren dabei fast 2000 Meter hohe Alpenpässe. Zu diesen Wanderarten, die offenbar die Elbe als Zugleitlinie nutzen, gehört auch die Zweifarbfledermaus. Als ursprüngliche Felsbewohnerin macht sie in der Hamburger Stadtlandschaft regelmäßig Station an hohen Gebäuden, etwa in der City Nord oder in der Speicherstadt am Hafen. Dann müssen die Fledermausschützer wieder ausrücken, um die in Büro- oder Lagerräume eingeflogenen Tiere zu bergen und an geeigneter Stelle wieder auszusetzen. Darunter sind oftmals Tiere, die von ihrem langen Flug so geschwächt oder auch verletzt sind, dass sie erst mühsam aufgepäppelt werden müssen, bevor sie weiterziehen können.

Zwergfledermaus

FLEDERMÄUSE

»Die Fledermauß ist ein Mittelthier zwischen dem Vogel und der Mauß«, schrieb der Schweizer Naturforscher Conrad Gesner Mitte des 16. Jahrhunderts, »dieweil sie beyder Gestalt an sich hat«. Auch der Schwede Carl von Linné, der 1735 erstmals alle bis dahin bekannten Lebewesen nach ihren vermuteten verwandtschaftlichen Beziehungen ordnete und damit zum Begründer der wissenschaftlichen Systematik wurde, hatte mit der richtigen Zuordnung der Fledermäuse seine Probleme: Zunächst stellte er sie wegen ihres spitzen Gebisses zu den Raubtieren, später jedoch, wegen der bruständigen Milchdrüsen, zu den Affen. In Wirklichkeit bilden die »fliegenden Affen« eine eigene Ordnung, die Fledertiere, die seit mindestens 50 Millionen Jahren die Erde bevölkern.

Unsere heimischen Fledermausarten sind allesamt harmlose, ausgesprochen nützliche Insektenvertilger. In den Tropen ernähren sich manche Arten auch von Früchten oder Blütennektar, andere sind geschickte Fischfänger oder überwältigen Mäuse und Eidechsen. Die südamerikanischen Vampirfledermäuse, die Säugetieren und auch schlafenden Menschen kleine Bisswunden beibringen und das austretende Blut auflecken, haben die gesamte Sippschaft in Verruf gebracht. Im Mittelalter wurden Fledermäuse zu Tieren des Teufels, denn ihr nächtlicher lautloser Flug und ihre traumwandlerische Orientierung in völliger Dunkelheit waren den Menschen nicht geheuer. Heute wissen wir, dass Fledermäuse sich mit Hilfe der Echoortung orientieren. Sie stoßen unablässig Peiltöne im Ultraschallbereich aus und empfangen die von Hindernissen oder Beutetieren reflektierten Echos mit ihren riesigen Ohren. Auf diese Weise erhalten sie ein genaues Hörbild von ihrer Umgebung. Die Peillaute sind für das menschliche Ohr nicht hörbar – was durchaus von Vorteil ist: Einige Arten wie der Abendsegler »schreien« ihre Ortungslaute mit einem Schalldruck von bis zu 100 Dezibel in die Nacht und sind damit so laut wie ein Presslufthammer. Daneben erzeugen Fledermäuse aber auch für den Menschen hörbare Laute, die der innerartlichen Kommunikation dienen und die für uns wie schrilles Zetern, feines Zirpen oder tiefes Summen klingen.

In Hamburg wurden bisher mehr als ein Dutzend Arten nachgewiesen, einige jedoch nur sporadisch oder an wenigen Stellen. Vor allem die Fledermäuse, die hohle Bäume als Quartiere benötigen, haben es schwer in der Stadt, weil solche Bäume aus Gründen der Verkehrssicherheit beseitigt werden. So wurden einmal in einem gefällten Baum in Hamburg-Poppenbüttel 200 Abendsegler gefunden, die dort überwinterten. Alle Arten sind in ihrem Bestand gefährdet und daher gesetzlich streng geschützt.

Ein anderes wildes Haustier, das Hamburger Dachböden als Lebensraum erobert hat, ist der Steinmarder. Wo immer es über den Köpfen der Menschen nachts poltert und rumpelt, hat eines der katzengroßen Raubtiere Quartier bezogen. Ursprünglich in Steinbrüchen und felsigen Gegenden zu Hause, haben Marder als eine der ersten Tierarten den Siedlungsraum erobert. Schon im Mittelalter hausten sie in Städten und Dörfern und gehören damit zu den ältesten Kulturfolgern des Menschen.

Eine Erhebung der Umweltbehörde ergab, dass der Steinmarder im gesamten Stadtgebiet, von den Randbereichen bis in die Innenstadt hinein, verbreitet ist. Am häufigsten findet man ihn in der Gartenstadt mit vielen Einzelhäusern, was möglicherweise damit zusammenhängt, dass hier sein nächtliches Treiben stärker auffällt als in Wohnblocks oder Bürogebäuden. Längst ist der Steinmarder zum echten Hausmarder geworden. Wie Jäger berichten, sollen in den Walddörfern im Nordosten der Stadt vereinzelt auch Baummarder, eigentlich scheue Waldbewohner, Dachböden besetzt haben.

Marder sind wahre Sprung- und Kletterkünstler. Sie springen aus dem Stand zwei Meter hoch und mindestens ebenso weit. Einen Dachboden zu entern ist für sie kein großes Problem. Sie nutzen Bäume und Büsche als Aufstiegshilfe und springen von dort aufs Dach, winden sich durch Efeu und Wilden Wein empor und klettern an Regenfallrohren und Rauputzfassaden hoch. Einmal auf dem Dach angekommen, nutzen sie jede Öffnung, durch die eine Faust passt, um ins Innere zu gelangen. Sie pressen sich von Regenrinnen aus unter den Ziegelwölbungen hindurch, sind aber auch imstande, mit ihrem flachen Schädel lose Dachziegel anzuheben und beiseite zu schieben.

Dachböden und Abseiten sind für Marder ideale Quartiere, im Gegensatz zu den meisten natürlichen Schlupfwinkeln warm, trocken und geräumig, sozusagen Luxushöhlen. Ihre Schlafnester richten sie sich – falls vorhanden – mit Vorliebe in der warmen Isolierwolle ein. Den Tag verschlafen sie und werden erst am späten Abend richtig wach. Solange nur ein einzelnes Tier auf dem Dachboden wohnt, hält sich der Krach noch in Grenzen. Ich selbst habe eine Zeit lang auf einem ausgebauten Dachboden Wand an Wand mit einem Marder gelebt und konnte fast die Uhr nach seinen Aktivitäten stellen. Abends gegen zehn Uhr wurde er munter, trappelte ein bisschen herum und machte dabei mit seinen scharfen Krallen laute Kratzgeräusche auf dem Holz. Dann verließ er das Haus, um zu jagen. Morgens gegen halb fünf kehrte er heim. Mit Glück war er dann satt und müde und ging gleich schlafen. Wenn er aber seinen Bewegungsdrang auf dem Dachboden auslebte, dabei über Truhen und Schränke sprang und direkt neben meinem Kopf über die Bretterverschalung kletterte, war es erst einmal mit der Nachtruhe vorbei.

Steinmarder

Richtig laut wird es, wenn der Dachboden zur Kinderstube junger Marder wird und drei oder vier verspielte Junge jede Nacht temperamentvoll und mit viel Ausdauer herumbalgen und als Höhepunkt wilde Rutschpartien über das Dach veranstalten. Auch das ausgedehnte Paarungsvorspiel der Steinmarder geht alles andere als geräuschlos vonstatten. Dazu sucht die Fähe, das Marderweibchen, den Rüden in seinem Quartier auf, eine echte Herausforderung für die Tiere, die sich sonst am liebsten aus dem Weg gehen. Bevor es zur Paarung kommt, müssen sie sich während stundenlanger wilder Verfolgungsjagden erst einmal aneinander gewöhnen. Nebenbei testen sie damit ihre körperliche Fitness, um sicher zu gehen, einen gesunden Partner zu bekommen. Zunächst weist die Fähe alle Annäherungsversuche des Rüden brüsk ab, dabei schreien, knurren und keckern die Tiere derart laut und furchterregend, dass deswegen schon die Polizei alarmiert wurde. Erst allmählich duldet das Marderweibchen die körperliche Nähe des Männchens, so dass es schließlich zur Paarung kommt. Danach trennen sich die Partner wieder, die Aufzucht der Jungen übernimmt allein das Muttertier.

Nicht nur der Krach der Marder, auch ihre Nahrungsreste können zum echten Problem werden. Die an sich sehr reinlichen Tiere haben neben einem Schlafplatz, den sie peinlich sauber halten, eine Stelle für ihren Kot und einen Platz, an dem sie ihre Nahrung deponieren. Hier bleiben oftmals Fleischreste von der Beute liegen, die allmählich verwesen und üblen Gestank verbreiten. Ein Blick in solch ein Nahrungsdepot zeigt, dass die Stadt den Mardern ein reichhaltiges Angebot an Fressbarem zu bieten hat. Sie jagen Ratten, Mäuse, Kaninchen, Tauben und Kleinvögel, gehen als Allesfresser aber auch an Essensreste, die sie auf Komposthaufen finden oder aus Abfalleimern sammeln, etwa Fleischreste und Speckschwarten, auch Brot, Kartoffeln und Gemüse. Katzen- und Igelfutter ist ebenso beliebt wie das Fruchtangebot der Saison, von Kirschen, Pflaumen und Äpfeln bis zu Walnüssen. In einem Marderquartier fand man sogar einmal einen Hundeschädel, was zeigt, dass er auch größeres Aas zu sich nimmt.

Marder haben in ihrem Revier meistens mehrere Tagesverstecke, die sie häufiger wechseln. Denn bei ihren nächtlichen Streifzügen legen die Tiere viele Kilometer zurück. Wenn es also in einem engeren Umkreis auf mehreren Dachböden poltert, heißt das nicht, dass hier viele Marder leben. Im Gegenteil: Erwachsene Steinmarder sind Einzelgänger, die aus ihren Revieren jeden gleichgeschlechtlichen Artgenossen vertreiben. Die Ausdehnung eines Marderreviers ist unter anderem abhängig von der Populationsdichte und vom verfügbaren Nahrungsangebot. Da wir die durchschnittliche Größe ihrer Territorien in der Stadt nicht kennen, wissen wir auch nicht, wie viele Steinmarder es in Hamburg tatsächlich gibt. Sicherlich ist aber die tatsächliche Populationsgröße deutlich geringer als die »gefühlte«.

Anfang der 1990er Jahre kam es erstmals auch in Hamburg zu den gefürchteten Beißattacken von Steinmardern in Automotoren. Bis dahin gab es Meldungen über zerbissene Zündkabel und zerfledderte Kühlschläuche nur aus Süddeutschland. Als Hauptgrund für den nächtlichen Vandalismus unter der Motorhaube gilt die hohe Aggressivität der Marderrüden untereinander, insbesondere zur Paarungszeit. Wenn ein Marder aus purer Neugier das Innenleben im Motorraum eines Autos erforscht, hinterlässt er dort, abgesehen von vielleicht schon ersten Schäden durch so genannte »Erkundungsbisse«, immer seine individuelle Duftnote. Wird nun das Auto irgendwann im Revier eines anderen Marders abgestellt, fühlt sich dieser durch den fremden Geruch aufs Äußerste provoziert und reagiert entsprechend aggressiv. In Ermangelung eines realen Gegners zerbeißt er blindwütig alles, was die fremde Duftnote trägt. Dann werden Kabel und Schläuche zerfetzt, so lange bis die Aggression abgebaut ist. Manchmal werden Autos auch »nur« als Depot genutzt. Eine Frau sah eines Morgens zu ihrem Entsetzen frisches Blut aus ihrem Auto tropfen. Es stammte von einem toten Kaninchen, das ein Marder offensichtlich kurz zuvor unter der Motorhaube deponiert hatte.

Möglicherweise wird der Steinmarder sich die Hamburger Dachböden bald mit einem anderen Tier teilen müssen. Der

Waschbär

Waschbär

Waschbär, 1938 am nordhessischen Edersee ausgesetzt, hat mittlerweile ganz Deutschland besiedelt und ist längst auch in Hamburg heimisch geworden. Bislang hält er sich noch hauptsächlich in den Randbereichen auf, etwa im Duvenstedter Brook, im Wohldorfer Wald, in den Vier- und Marschlanden oder den Harburger Bergen. Immer öfter allerdings zieht es den Kleinbären mit der dunklen Banditenmaske zur Nahrungssuche in die Stadt. Auf einem Hinterhof in St. Pauli wurde ein Tier dabei beobachtet, wie es Mülltonnen nach Fressbarem durchwühlte. Waschbären verbringen den Tag normalerweise in Baumhöhlen. In vielen Städten wie in Kassel, der »Hauptstadt der Waschbären«, halten sie die Dachböden schon fest besetzt.

Ein anderer früher typischer Hausbewohner ist in Hamburg sehr selten geworden und gehört inzwischen zu den am stärksten bedrohten Säugetierarten: die Hausratte. Im Gegensatz zur allgegenwärtigen Wanderratte, die unterirdisch in der Kanalisation, aber auch in feuchten Kellern haust, ist die Hausratte auf trockene, warme Plätze in Gebäuden mit einem ausreichenden pflanzlichen Nahrungsangebot angewiesen. Ursprünglich auf dem indischen Subkontinent beheimatet, wurde sie mit Handelsschiffen in alle Teile der Welt verfrachtet. Ausgehend von den Hafenstädten konnte sie durch passive Verschleppung auch das Binnenland weitab der Küsten besiedeln. In unserem vergleichsweise kühlen norddeutschen Klima kann die wärmebedürftige Hausratte im Freiland nicht überleben. Heute gibt es auf Dachböden keine Hausratten mehr, man findet sie nur noch sporadisch in Getreidespeichern im Hafengebiet, wo sie als Vorratsschädlinge regelmäßig und rigoros bekämpft werden. Sicherlich wären Hausratten in Hamburg längst verschwunden, wenn nicht dann und wann einige als blinde Passagiere mit Frachtschiffen hierher gelangen würden.

Sehr viel anpassungsfähiger als die Hausratten sind die größeren und robusteren Wanderratten, wahre Überlebenskünstler, die mit unterschiedlichsten Lebensbedingungen zurechtkommen. Sie sind neugierig, intelligent, sehr sozial und lebenslang lernfähig. Sie können nahezu jedes sich bietende Nahrungsangebot nutzen, pflanzliche Stoffe ebenso wie fleischliche Kost und Abfälle, von denen es in der Stadt reichlich gibt. Sie können ganzjährig im Freiland leben, aber genauso gut in Gebäuden oder in der Kanalisation. Wanderratten sind, wie es der Verhaltensforscher Irenäus Eibl-Eibesfeldt einmal ausdrückte, »spezialisiert auf das Nichtspezialisiertsein«. Das heißt, die Tiere reagieren äußerst flexibel und sind in der Lage, ihr Verhalten stets den jeweiligen Erfordernissen anzupassen. Sie können durch Nachahmung von Artgenossen regelrechte Traditionen ausbilden. Durch solche Nachahmungseffekte können erlernte Reaktionen auf bestimmte Umweltbedingungen, beispielsweise die Eroberung neuer Lebensräume, innerhalb eines Rattenclans sehr schnell zum »Allgemeingut« werden, so dass die gesamte Rattengemeinschaft davon profitiert – eine entscheidende Voraussetzung für das erfolgreiche Überleben in der Stadt.

Auch im Umgang mit Gefahren sind sie extrem lernfähig. So warnt eine Art Vorkoster die Artgenossen vor ungenießbaren oder gefährlichen Nahrungsbrocken. Früher verwendeten die Schädlingsbekämpfer Giftköder, nach deren Aufnahme die Tiere unter Krämpfen starben. Aus dieser Erfahrung haben die Tiere gelernt. Beim ersten Unwohlsein markiert der Vorkoster die ausgelegten Köder mit Kot oder Urin, um die anderen Ratten zu warnen. Selbst nach Monaten meiden die Tiere neu ausgelegte Köder, solange sich auch nur ein Clanmitglied an die gefährliche Substanz erinnert. Deshalb wird heute Rattengift eingesetzt, das langsam zum schmerzlosen inneren Verbluten der Tiere führt. Da der Tod erst nach Stunden eintritt, sind die Ratten nicht in der Lage, einen Zusammenhang mit der aufgenommenen Nahrung herzustellen.

Immer wieder wird von Ratten berichtet, die, auch über mehrere Stockwerke hinweg, durch die Abflussrohre von Toiletten in Wohnungen gelangen. Wie oft dies wirklich geschieht, ist nicht bekannt. Immerhin aber haben Experimente gezeigt, dass die Tiere als gute Schwimmer und Taucher dazu zumindest in der Lage sind.

Schädlingsbekämpfer werden normalerweise wegen sehr viel kleinerer Hausbewohner gerufen, die im Falle einer Massenvermehrung lästig oder auch schädlich werden können. Die meisten von ihnen zählen zu den Insekten. Vom Keller bis zum Dachboden bieten unsere Häuser sehr unterschiedliche Lebensbedingungen, und entsprechend vielfältig ist auch die Tierwelt. Mehr als 300 Arten können sich hier entwickeln, etwa 100 von ihnen sind zumindest in unseren Breiten sogar ausschließlich im Hausinneren zu finden. Dieser heimliche Haustierzoo ist so typisch, dass Wissenschaftler hierfür die spezielle Bezeichnung »Intradomalfauna« (Tierwelt innerhalb des Hauses) geprägt haben.

Manche von ihnen sind vollkommen harmlos, andere leben von unseren Nahrungsmitteln oder als Parasiten von menschlichem Blut. Zu der Gruppe der ungefährlichen Mitbewohner, den so genannten Kommensalen, gehören die flinken, lichtscheuen Silberfischchen. Nachts, wenn man das

Licht anmacht, kann man sie in Bad oder Küche blitzschnell in hektischen Bewegungsschüben über den Fußboden huschen sehen. Unter der Lupe betrachtet sehen sie mit ihrer stromlinienförmigen Gestalt und der metallic-grauen Färbung geradezu futuristisch aus. Tatsächlich gehören sie jedoch zu der stammesgeschichtlich sehr alten Gruppe der flügellosen Urinsekten. Bescheiden leben sie von winzigen stärkehaltigen Krümeln, Hautschuppen, angewehten Blütenpollen und ähnlichen Staubpartikeln. Solange sie nicht in Massen auftreten, ist ihr Vorkommen keinesfalls diskreditierend. Zu Massenvermehrungen kommt es unter normalen Bedingungen auch kaum, da ein Weibchen während seines Lebens, das immerhin erstaunliche fünf Jahre dauern kann, nur etwa ein Dutzend Eier legt. Unter den hiesigen Klimaverhältnissen können die Wärme und Feuchtigkeit liebenden Tierchen nicht im Freien leben.

Das gilt auch für das oft zitierte »Heimchen am Herd«, die Hausgrille, die mit ihrem durchdringenden nächtlichen Gezirpe die Menschen zur Verzweiflung bringen kann. Nur in heißen Sommermonaten kann man Heimchen auch außerhalb von Häusern antreffen. Vor allem in Heizungskellern, Großküchen und Bäckereien finden die Wärme liebenden Heimchen ideale Lebensbedingungen.

Dort fühlen sich auch die Küchenschaben, die so genannten Kakerlaken wohl. Sie stammen ursprünglich ebenfalls aus wärmeren Gegenden und sind als wahre Überlebenskünstler nur schwer zu bekämpfen. Die

Silberfischchen

häufigste Schabenart ist die Deutsche Schabe, mit einer Körperlänge von knapp 1,5 Zentimetern ein Zwerg gegenüber der aus subtropischen Regionen stammenden Amerikanischen Schabe, die bis zu dreimal so groß wird. Schaben mögen es gern warm und feucht und treten vor allem dort auf, wo regelmäßig größere Mengen Nahrungsmittelreste anfallen, etwa in Bäckereien und Großküchen. Udo Sellenschlo, Biologe am Hamburger Hygiene-Institut, schätzt, dass sich in ungefähr der Hälfte aller Restaurationsbetriebe in Hamburg Schaben tummeln. Schaben sind Allesfresser: Neben Lebensmitteln aller Art fressen sie alle möglichen und unmöglichen Stoffe wie Leder, Wolle, Kunstseide, Buchleim, ja sogar Schaumgummi und Stiefelwichse.

Der Ekel, den die lichtscheuen, blitzschnell huschenden Tiere mit ihren fast körperlangen Fühlern und den ledrig-pergamentartigen Deckflügeln bei den meisten Menschen auslösen, ist zumindest aus hygienischer Sicht berechtigt. Kakerlaken verunreinigen unsere Speisen mit Kot und Bakterien,

Küchenschabe

darunter auch gefährliche Krankheitserreger, die in großer Zahl an ihren Körpern haften oder mit dem Kot ausgeschieden werden. Mit ihrem abgeplatteten Körper können sie sich in kleinste Ritzen und Spalten pressen. Man findet Schaben hinter Geschirrspülern und Waschmaschinen, wo die Heizspiralen ihnen Wärme spenden, an der Rückseite von Kühlschränken, in Kaffeemaschinen und Videogeräten oder zwischen der frisch gebügelten Bettwäsche. Als sehr gesellige Tiere treten sie stets in großen Gruppen auf. Sellenschlo berichtet, dass in Hamburg in einem Radiorecorder einmal sage und schreibe 1500 Schaben jeglichen Alters gefunden wurden.

Am robustesten von allen in unseren Häusern auftretenden Schabenarten ist die Deutsche Schabe. Im Gegensatz zu ihren Verwandten toleriert sie nicht nur eine geringe Luftfeuchtigkeit, sondern zumindest zeitweise auch erstaunlich niedrige Temperaturen. Deshalb findet man sie manchmal in Kühlschränken, wo sie beispielsweise hinter der Innenverkleidung der Türen geeignete Schlupfwinkel findet. Bei einer durchschnittlichen Kühlschranktemperatur um acht Grad Celsius ist sie dann zwar nicht mehr ganz so flink auf ihren sechs Beinen, doch dafür ist im Kühlschrank der Tisch für die Insekten stets reich gedeckt. Ein Befall ist am penetrant süßlichen Geruch der Vorräte festzustellen. Mit diesen Duftstoffen verständigen sich die Tiere untereinander. Kakerlaken sind fast immer ein Fall für den Kammerjäger, der ihnen mit Kontaktgiften oder – bei extremem Befall – durch Begasung der Räume zu Leibe rückt.

Viele Schädlinge gelangen mit Lebensmitteln in unsere Wohnungen. Einer davon ist der Brotkäfer. Während die erwachsenen Käfer keine Nahrung mehr aufnehmen, fressen seine Larven eine Fülle unterschiedlichster Nahrungsmittel.

Man findet sie in Paniermehl und Knäckebrot, in abgepackten Kräuterteemischungen, geschälten Erbsen oder Gewürzen. Die nur einen halben Millimeter kleinen Junglarven können sich in fast jede Verpackung zwängen, ältere Larven sind sogar in der Lage, sich durch metallene Verpackungsfolien zu nagen. In Lagerhäusern ist der Brotkäfer sehr gefürchtet, weil er immensen Schaden anrichten kann. Bei einer Inspektion in einem Speicher in Hamburg-Wilhelmsburg entdeckte man in einem aus Ägypten importierten Sack mit Koriander Unmengen von Brotkäfern und ihren Larven sowie parasitische Schlupfwespen.

Ein anderer sehr häufiger Vorratsschädling ist die Dörrobstmotte, deren Raupen nicht nur von Trockenobst leben, sondern gern auch Nüsse und Mandeln, etwa in Müslimischungen, mit ihren weißlichen Gespinstgängen überziehen. Sie stammt ursprünglich aus dem Mittelmeerraum und ist in regelmäßig beheizten Häusern ganzjährig bei uns anzutreffen.

TERMITEN IN HAMBURG

Im Februar 1938 warf ein Arbeiter, der in einem Schacht der Fernheizung des Hamburger Oberlandesgerichts am Sievekingplatz mit Reparaturarbeiten beschäftigt war, seine Jacke über ein Abstützbrett, das daraufhin zusammenbrach. Aus dem innerlich völlig zerfressenen Holz krabbelten kleine weiße Termiten, die offenbar mit einer Schiffsladung Holz aus den Südstaaten der USA eingeschleppt worden waren. Die Abwärme des Fernheizungssystems bietet den Wärme liebenden Insekten die Möglichkeit, im Hamburger Untergrund zu überleben und sich entlang der Heizungsrohre auszubreiten. Immer neue Vorkommen wurden entdeckt, kurz nach Kriegsende war ein ungefähr 50 Hektar großes Gebiet in der Innenstadt von Bodentermiten befallen, darunter denkmalgeschützte Fachwerkhäuser im Gängeviertel. In den 1950er Jahren gab es ein zweites, kleineres Befallsgebiet in Altona. Im Altonaer Krankenhaus wurden geflügelte Geschlechtstiere an den Fensterscheiben gefunden. Allen Ausrottungsversuchen zum Trotz haben die Termiten bis heute überlebt. Vom Oberlandesgericht drangen sie 1997 zum nahe gelegenen Ziviljustizgebäude vor, und 2005 entdeckte man in der Umgebung der U-Bahnstation Messehallen Termiten in frisch ausgebrachtem Holzschredder. Ihr nächstes Ziel könnte vielleicht schon bald das Hamburger Rathaus sein, das wegen des nassen Untergrundes auf Holzpfählen gegründet ist – der Lieblingsspeise der gefräßigen Krabbeltiere.

Während das ausgeglichen trocken-warme Klima von Wohn- und Arbeitsräumen ein Refugium vor allem für eingeschleppte Arten aus wärmeren Gegenden bietet, findet sich in anderen Bereichen des Hauses eine ganz andere speziell angepasste Fauna. Besonders in ungeheizten, feuchten Zimmern kann man in alten Büchern oder Zeitungen ein Tier finden, das mit seinen langarmigen Scheren aussieht wie ein Mini-Skorpion ohne Giftstachel. Es ist ein Bücherskorpion, mit den echten Skorpionen nur weitläufig verwandt. Das nur etwa drei bis vier Millimeter große Tierchen ernährt sich von Staubläusen, die wiederum Schimmelpilze von feuchtem Papier abweiden. Bisweilen teilt der Bücherskorpion mit dem Menschen sogar das Bett – freilich nur, wenn die Bettwäsche lange nicht gewechselt wurde. Betten, aber auch Polstermöbel sind der bevorzugte Lebensraum der Hausstaubmilben. Bei Untersuchungen von Staubproben aus Hamburger Wohnungen wurden mindestens 35 Arten von Milben gefunden. Sie ernähren sich von Haut- und Haarfragmenten beziehungsweise von den auf diesen Partikeln wachsenden mikroskopisch kleinen Pilzen.

Die Bettwanze gibt sich mit derlei Trockennahrung nicht zufrieden – sie hat es auf das Blut des Menschen abgesehen. Dieser Parasit befindet sich bei uns seit einigen Jahren wieder auf dem Vormarsch, weil in Zeiten weltweiter Mobilität des Menschen die kleinen Blutsauger unbemerkt mit dem Reisegepäck aus Ländern mit geringem Hygienestandard eingeschleppt werden. Im Herbst 2005 gab es in einem Hotel an der Alster Wanzenalarm, nachdem eine Schädlingsbekämpferin, die dort wegen eines Befallsverdachts zur Probe übernachtet hatte, zerstochen worden war.

Andere Insekten fliegen nur gelegentlich in Häuser ein, können sich dort aber bei geeigneten Bedingungen massenhaft vermehren. Unter ihnen gibt es etliche, die große Schäden anrichten können, wie etwa der Wollkrautblütenkäfer, besser bekannt als Museums- oder Teppichkäfer. Die erwachsenen Käfer leben im Freien von Blütenpollen, ihre Larven aber sind darauf spezialisiert, tierische Überreste wie Federn oder Fell zu vertilgen. In Museumssammlungen mit ausgestopften Tieren sind sie ebenso als Schädlinge gefürchtet wie in unseren Wohnungen. Die Käferlarven machen sich ähnlich wie die Raupen der Kleidermotte über Wolltextilien, vor allem aber über Teppiche aus Wollfasern her. Dort, wo der Staubsauger nicht hinkommt, können sie ungestört ihren Appetit befriedigen und den kostbaren Perserteppich zerfressen.

Aus den Überlauföffnungen von Waschbecken oder Badewannen fliegen ab und zu kleine, stark behaarte Insekten aus, die im Sitzen ihre Flügel in charakteristischer Weise dachförmig zusammenfalten. Weil ihre Larven nicht nur im Gammel der Abflussrohre leben, sondern auch typische Bewohner der früher verbreiteten Plumpsklos waren, nennt man sie auch Latrinenfliegen. In Wirklichkeit gehören sie zur Familie der

Schmetterlingsmücken, die genauso harmlos sind wie die kleinen schwarzen Trauermücken, die man zwischen Zimmerpflanzen am Fenster finden kann. Ihre Larven ernähren sich von verwesenden organischen Stoffen. Treten die Trauermücken in Schwärmen auf, ist dies ein sicheres Zeichen dafür, dass die Blumen zu stark gegossen wurden und die Wurzeln abfaulen. Von solchen kleinen Insekten wiederum leben verschiedene Spinnenarten, darunter die extrem langbeinige Zitterspinne, die meist regungslos mit dem Rücken nach unten unter der Zimmerdecke hängt. Ihr Name nimmt Bezug auf eine besondere Verhaltensweise: Bei Berührung versetzt die Spinne ihren dünnen Körper in heftigste Schwingungen, um ihre Körperkonturen zu verwischen und damit Fressfeinde zu verwirren.

Bücherskorpion

Bis in die feucht-kühlen Kellerräume, die eine ganze Reihe ursprünglicher Höhlenbewohner anlocken, wie die zu den Krebstieren zählenden Kellerasseln, bestimmte Nacktschnecken oder die beeindruckend große Hauswinkelspinne, ist die Intradomalfauna verbreitet. Ob wir es wollen oder nicht: Unsere Häuser beherbergen einen überaus artenreichen Zoo wilder Tiere, von der Assel im Keller bis zum Marder auf dem Dachboden.

Naturnaher Garten

Gartenstadt

Wildes Leben zwischen Einfamilienhäusern

»Da ist Jesus!«, schreit die siebenjährige Alexandra und deutet aus dem Küchenfenster in den Garten. Das Kind hat nicht etwa eine Erscheinung – »Jesus« ist eines von drei Eichhörnchen, die regelmäßig den leicht verwilderten Garten seiner Großmutter in einer stillen Seitenstraße im Hamburger Stadtteil Tonndorf besuchen. Warum Alexandra dieses Tier, das jetzt behände durch den alten Kirschbaum turnt, um die noch nicht ganz reifen Früchte zu stibitzen, ausgerechnet »Jesus« getauft hat, bleibt ihr Geheimnis. Die Hörnchen sind nicht zahm, aber sehr vertraut. Auch wenn die Familie beim Kaffeetrinken im Schatten des Kirschbaumes sitzt, lassen sie sich nicht aus der Ruhe bringen. Einmal hielt eines der Tiere, lang ausgestreckt auf einem Ast, direkt über der Kaffeerunde ein Nickerchen. Ein ungewöhnliches Verhalten für ein Wildtier, zeigt es damit doch, dass es sich vollkommen sicher fühlt. Auch die Kleiber, die seit Jahren in einem Meisenkasten im Birnbaum nebenan brüten, sind an die Menschen gewöhnt. Die Vögel regen sich nur lautstark auf, wenn die Eichhörnchen, die auch an Eier und Jungvögel gehen, dem Nistkasten zu nahe kommen.

Besondere Betriebsamkeit herrscht bei den Hörnchen, wenn im Nachbargarten die Walnüsse reif sind. Dann vergessen die einzelgängerisch lebenden Tiere sogar für einen Moment ihre Streitlust. Immer wieder sieht man sie mit einer

Nuss im Maul über den Rasen flitzen und ihre Beute irgendwo als Wintervorrat vergraben. Da Eichhörnchen keinen echten Winterschlaf halten, sondern in ihrem geräumigen Reisignest, dem Kobel, nur besonders ungemütliche Zeiten verschlafen, müssen sie im Herbst vorsorgen. Bei weitem nicht alle Nüsse, Eicheln und Bucheckern, die die Tiere an unterschiedlichsten Stellen verstecken, finden sie später auch wieder. Der Rest des Vorrats bleibt im Boden und kann im Frühjahr auskeimen. Eichhörnchen spielen daher ähnlich wie der Eichelhäher, der ebenfalls eine ausgeprägte Vorratswirtschaft betreibt, eine wichtige Rolle bei der Verbreitung von Waldbäumen. Wenn also in einem Garten ohne Eichbaum plötzlich ein Eichenkeimling aufwächst, ist dies das Werk von Hörnchen oder Häher.

Der besagte Walnussbaum lockt nicht nur sammelwütige Eichhörnchen an. Regelmäßig erntet auch ein Krähenpaar, das in der Umgebung brütet, die Nüsse. Da die Vögel aber nicht wie die Hörnchen über scharfe Nagezähne verfügen, haben sie eine ganz besondere Strategie entwickelt, um an den schmackhaften Kern zu gelangen. Sie fliegen zur Straße vor dem Garten, setzen sich auf eine der Peitschenlaternen und lassen die Nuss beim Herannahen eines Autos herabfallen. Anscheinend passiert es oft genug, dass die Früchte überrollt werden und dabei die harte Schale zertrümmert wird, denn sonst hätten die intelligenten Vögel dieses Verhalten nicht erlernt. In London wurden Krähen dabei beobachtet, wie sie an einer Ampel den haltenden Autos Nüsse unter die Reifen schoben und bis zur nächsten Rotphase warteten, um die Beute einigermaßen gefahrlos bergen zu können.

Regelmäßiger Gast im Garten von Alexandras Großmutter ist ein Graureiher, der es auf die Goldfische und Koikarpfen

Eichhörnchen

in den Teichen des Nachbarn abgesehen hat. In der Abenddämmerung streicht der mächtige Vogel von der nahen Wandse heran und landet zunächst einmal auf einem der alten Apfelbäume, um die Lage zu peilen. Denn die Teiche werden bewacht: Jenny, die greise Jagdhündin, hat den Job, den ungebetenen Gast mit lautem Gebell zu verscheuchen. Doch wenn Jenny einmal nicht aufpasst oder im Haus ist, nutzt er die Gunst der Stunde, um mit seinem dolchartigen Schnabel einen Fisch zu harpunieren. Einmal stolzierte der Reiher ohne jede Scheu auf dem Plattenweg zwischen Haus und Geräteschuppen umher.

Wohl nirgends sonst kommen Wildtiere aus freien Stücken dem Menschen so nahe wie in Gärten. Die von Einfamilien- und Reihenhäusern mit Gartengrundstücken geprägte Gartenstadtzone bildet den fließenden Übergang zwischen der städtischen Kernbebauung und dem ländlichen Umland. Der durchgrünte Bereich macht fast ein Fünftel des gesamten

Hamburger Gebietes aus und ist der Fläche nach der bedeutendste Lebensraumtyp in der Stadt. Obwohl Gärten sehr stark vom Menschen überprägt sind, bietet die Gartenstadt für viele wild lebende Tiere und – mit Abstrichen – auch für Wildpflanzen günstige Lebensbedingungen. Hecken und Gebüsche, Einzelbäume, Gartenteiche, Rasenflächen, Stauden- und Gemüsebeete, gepflasterte Terrassen und Steinmauern, Sand- und Kieswege, Komposthaufen, Holzschuppen und begrünte Pergolen bilden ein engmaschig vernetztes und vielfältig ineinander verzahntes Lebensraummosaik. Lebewesen ganz unterschiedlicher Herkunft können nebeneinander existieren, Bewohner von Hecken und Waldrändern ebenso wie solche des Graslandes oder der Feuchtgebiete. Hinzu kommt, dass Gärten, je nach Lage, Geschmack und Weltanschauung, sehr unterschiedlich gestaltet sind. Die Palette reicht vom eintönigen Rasen-Rosen-Koniferen-Garten über den Nutzgarten bis hin zur naturnah gestalteten Anlage, vom kleinen Schrebergarten bis zum herrschaftlichen Parkgrundstück. In der Summe zählt die Gartenstadt bei uns zu den artenreichsten Lebensräumen überhaupt.

Die Zusammensetzung der Pflanzenwelt in Gärten ist überwiegend vom Menschen bestimmt. Nutzpflanzen, Zuchtformen ursprünglich heimischer Arten sowie Zierstauden und Gehölze aus fernen Ländern locken verschiedenste Insekten als Blütenbesucher an. Sofern sie nicht als »Unkraut« gejätet oder mit Herbiziden bekämpft werden, gedeihen auch Wildkräuter. Als Jugendlicher habe ich einmal auf dem elterlichen Grundstück einen Quadratmeter Rasen abgesteckt, der einige Wochen lang nicht gemäht wurde, so dass Blumen wachsen und blühen konnten, deren Samen im Boden vorhanden waren. 21 verschiedene Arten von Blütenpflanzen konnte ich damals auf dieser kleinen Fläche entdecken, darunter Kleines Habichtskraut, Hopfenklee, Schafgarbe und Wiesenbocksbart. Einige Wildkräuter sind an die regelmäßige Schur durch den Rasenmäher angepasst. Der Löwenzahn etwa bildet grundständige Rosetten aus und reckt nur seine Blütenköpfe in die Höhe. Bei anderen Arten wie dem blau blühenden Kriechenden Günsel schmiegen sich die Stängel dem Boden eng an. Auch wenn die Blüten immer wieder abgemäht werden, bleibt die Pflanze ansonsten ungeschoren. Wenn das Gras nicht gedüngt und nicht jede Woche knapp über dem Boden gemäht wird, kann sich mit der Zeit ein bunter Blumenrasen entwickeln. Dann blühen Gänseblümchen und Gundermann, Kleine Braunelle und Persischer Ehrenpreis, eine aus dem Mittleren Osten eingeschleppte Pflanze.

Bei einer über mehrere Jahre laufenden Untersuchung der Insektenfauna eines 6000 Quadratmeter großen Gartens in England wurden allein 323 Schmetterlingsarten gezählt, die meisten von ihnen Nachtfalter. Insgesamt wurden mehr als ein Drittel aller in Großbritannien vorkommenden Schmetterlinge, Schwebfliegen und Hummeln in diesem Garten in Leicester nachgewiesen. Bei den Schlupfwespen fand sich ein Viertel des gesamten britischen Arteninventars, darunter auch acht für Großbritannien neue Arten und sogar zwei Spezies, die bis dahin unbekannt waren. Auch wenn es vergleichbare Untersuchungen aus Hamburger Gärten nicht gibt, kann man davon ausgehen, dass hier die Verhältnisse ähnlich liegen, erst recht, wenn man die Gartenstadt in ihrer Gesamtheit betrachtet.

Anfang der 1980er Jahre wurde in einer großen Wohnanlage im Stadtteil Farmsen ein Modellprojekt durchgeführt,

Blumenrasen

bei dem das monotone »Abstandsgrün« zwischen den einzelnen Wohnblocks ökologisch aufgewertet wurde. Einförmige Rasenflächen wurden durch Fräsen der Grasnarbe und Aussaat von Blumensamen in bunt blühende Wiesen umgewandelt, heimische Büsche und Bäume gepflanzt und diverse Tümpel angelegt. Bereits nach kurzer Zeit wurden zahlreiche Tierarten festgestellt, die auf den sonst üblichen Grünflächen nicht vorkommen, darunter 15 Schwebfliegen- und acht Wildbienenarten. Auch Schmetterlinge und Käfer traten auf den gestalteten Flächen in sehr viel höheren Artenzahlen auf.

Zu den auffälligsten Blütenbesuchern im Garten zählen Bienen, Hummeln und Schmetterlinge. Manche Pflanzen, wie der ursprünglich aus Ostasien stammende Schmetterlingsstrauch oder die in Südeuropa beheimatete blau blühende Kugeldistel ziehen die Insekten mit ihrem Duft geradezu magisch an. Viele von ihnen saugen zwar an verschiedensten Blüten, egal ob heimisch oder nicht, doch ihre Larvenstadien sind an bestimmte Futterpflanzen gebunden. Einige der schönsten und bekanntesten Gartenfalter, etwa der Kleine

Fuchs und das Tagpfauenauge, entwickeln sich an der bei Gärtnern eher unbeliebten Wildpflanze, der Brennnessel. Nur höchst selten findet man die Raupen beider Arten an ein und demselben Nesselbestand, denn die Weibchen orientieren sich bei der Eiablage sehr wählerisch am jeweiligen Mikroklima des Standortes der Futterpflanzen. Der Kleine Fuchs entwickelt sich nur auf Brennnesseln, die an trockenen, vollsonnigen Plätzen wachsen, das Tagpfauenauge bevorzugt halbschattige, feuchte Standorte, die an den ursprünglichen Lebensraum dieser Pflanze in Auwäldern erinnern.

Auch die Raupen von Admiral und Distelfalter leben an Brennnesseln. Beide Arten gehören zu den Wanderfaltern, die wie Zugvögel regelmäßig im Sommer aus dem Mittelmeerraum über die Alpen zu uns ziehen. Nach der Eiablage sterben die eingeflogenen Tiere ab, ihre Nachkommen fliegen im Herbst wieder in den Süden zurück, da sie den frostigen Winter bei uns nicht überstehen. Luftströmungen, die im Frühjahr überwiegend in nördlicher Richtung, im Herbst in südlicher Richtung fließen, unterstützen die genetisch programmierte Fernwanderung, die man diesen zarten Geschöpfen mit ihrem unstet gaukelnden Flug kaum zutrauen mag. Der Grund, warum die Wanderfalter überhaupt den weiten, gefährlichen Weg auf sich nehmen, ist Nahrungsmangel. Im Sommer ist die Landschaft im Mittelmeerraum braun und verdorrt, Blüten gibt es nur noch in ständig bewässerten Hotelgärten. Bei

Admiral

uns findet der auffällig schwarz-rot-weiß gezeichnete Admiral ausreichend Nahrung, häufig kann man ihn im Spätsommer und Herbst an Fallobst beobachten, aus dem er wie die Fliegen und Wespen den vergorenen Fruchtsaft saugt.

Wespen, genauer gesagt die Gruppe der Staaten bildenden Faltenwespen, gehören für viele Menschen zu den unbeliebtesten Insekten in Haus und Garten. Zugegebenermaßen kann ihr Appetit auf Eis, Saft und Kuchen im Spätsommer lästig werden. Dennoch macht ihr komplexes Verhalten sie zu interessanten Beobachtungsobjekten. Wespenvölker sind einjährig, das heißt, anders als bei den Honigbienen stirbt das Volk im Herbst ab. Nur die begatteten Jungköniginnen überwintern in Holzstößen, in Vogelnistkästen, in Schuppen oder auf Dachböden. Im Frühjahr leistet die künftige Stammmutter eines Wespenvolkes zunächst Schwerstarbeit. Sie muss eine geeignete Stelle für die Nestgründung finden, morsches Holz als Baumaterial abraspeln, Waben bauen, Eier legen, die Larven pflegen und mit Nahrung versorgen, neue Waben bauen und mit Eiern belegen. Erst wenn die ersten Arbeiterinnen geschlüpft sind und sie unterstützen, kann sich die Königin ganz auf die Eiproduktion konzentrieren. Die Brut wird ausschließlich mit fleischlicher Nahrung gefüttert. Die Wespen sind geschickte Insektenjäger, überwältigen Raupen, Fliegen, Mücken und andere Insekten und machen sich dadurch ganz nebenbei im Garten nützlich. Wie planvoll und effektiv die Jägerinnen zu Werke gehen, konnte ich in den Sommermonaten auf einer überdach-

Schwebfliege

ten Terrasse beobachten, auf der eine Tischtennisplatte stand. Die Platte war, obwohl regelmäßig abgefegt, nach wenigen Stunden aufs Neue übersät mit abgebissenen Köpfen und Flügeln von Schwebfliegen. Die erbeuteten Fliegen, die mit ihrer schwarz-gelb geringelten Hinterleibsfärbung wehrhafte Wespen vortäuschen und wie ein Hubschrauber in der Luft stehen können, hatten sich zwischen die Holzsparren des gläsernen Terrassendaches verflogen und, da sie sich nach oben zum Sonnenlicht hin orientierten, nicht wieder herausgefunden. Diese Falle nutzten die Wespen aus. Sie flogen regelrechte Patrouillen unter dem Dach, um sich blitzschnell auf die gefangenen Schwebfliegen zu stürzen. Mit der Beute landeten sie kurz auf der Tischtennisplatte, trennten mit ihren starken Kieferzangen Kopf und Flügel ab, kneteten den Körper der Fliege zu einem Ball zusammen und starteten gleich wieder, die Fleischration fest mit den Beinen umklammert, in Richtung Nest, um den Nachwuchs zu füttern.

Erwachsene Wespen sind reine Vegetarier, sie ernähren sich von den süßen Ausscheidungen der Larven im Nest. Im Spätsommer, wenn eine neue Generation junger Königinnen und Drohnen das Nest verlassen hat und die alte Königin stirbt, gibt es keinen Nachwuchs mehr, der die Arbeiterinnen ernähren könnte. Dann sind sie gezwungen, sich außerhalb des Nestes zu verköstigen, so lange bis auch sie im Herbst zugrunde gehen. Nur in dieser kurzen Zeitspanne machen sie sich – notgedrungen – über Pflaumenkuchen und Fruchtsäfte her.

Die Staaten der Gemeinen und der Deutschen Wespe können bis zu 7000 Individuen umfassen. Nur diese beiden Arten, zugleich auch die häufigsten, werden durch ihre Zudringlichkeit lästig. Die übrigen Wespenarten im Garten bleiben

Dunkle Erdhummel

auf Abstand. Das gilt auch für unsere größte Wespenart, die Hornisse, die sich unter anderem in Baumhöhlen, Vogelnistkästen oder dunklen Geräteschuppen einnistet. Dieses große Insekt hat völlig zu Unrecht einen denkbar schlechten Ruf. Angeblich sollen drei Stiche einen Menschen und sieben ein Pferd töten. Wahr ist, dass der Stich einer Hornisse zwar schmerzhafter, aber nicht gefährlicher ist als der einer »normalen« Wespe oder Biene. Zudem sind die Tiere sehr friedfertig. Wenn man sich vorsichtig verhält und die Einflugschneise nicht versperrt, kann man sich dem Nest nähern, ohne angegriffen zu werden. Außerhalb des Nestbereichs sind Hornissen geradezu furchtsam und weichem dem Menschen aus.

Obgleich auch Hummeln unangenehm stechen können, wenn sie gereizt werden, sind die pelzig behaarten Brummer im Garten willkommener als Wespen und Hornissen. Als Bestäuber spielen sie eine sehr wichtige Rolle, vor allem bei kühlem Wetter, wenn Honigbienen lieber im warmen Stock bleiben und von ihren Honigvorräten zehren. Hummeln fliegen auch bei Regen, Sturm und Hagel noch aus und sichern so in kalten, nassen Frühjahren den Ernteertrag etwa von Obstbäumen. Durch ihren dichten Pelz und ihre Fähigkeit zu aktiver Thermoregulation sind diese Insekten an ein Leben in kühleren Regionen angepasst. Manche Arten leben sogar jenseits des Polarkreises. Noch bei einer Außentemperatur von sechs Grad Celsius, wenn andere Insekten längst starr vor Kälte sind, können Hummelarbeiterinnen ausfliegen, die größere Königin sogar noch bei zwei Grad. Das Geheimnis dieser Kälteresistenz liegt in der sehr stark entwickelten Flügelmuskulatur im Brustraum. Sie produziert ein beachtliches Maß an Abwärme und dies nicht nur im Flug. Hummeln sind in der Lage, ihre Flugmuskulatur von den Flügeln abzukoppeln und im Leerlauf quasi als Standheizung zu benutzen. Zusätzlich verfügen Hummeln über ein raffiniertes System zur Wärmerückgewinnung, das nach dem Prinzip eines Wärmetauschers arbeitet. Um bei höheren Temperaturen die Gefahr einer Überhitzung zu vermeiden, können die Tiere diese Wärmepumpe aktiv ausschalten und überschüssige Wärme über eine wenig behaarte Stelle an der Unterseite des Hinterleibes wie über eine Kühlrippe abgeben. Auf diese Weise können die Arbeiterinnen als lebende Heizkörper auch bei kühlen Außentemperaturen die Nesttemperatur bei etwa 35 Grad halten.

Physikalisch gesehen dürften Hummeln eigentlich gar nicht fliegen können, da ihre Flügelfläche im Verhältnis zum Körpergewicht viel zu klein ist. Weil ihre Flugmuskulatur also in doppelter Hinsicht Schwerstarbeit leisten muss, haben diese Insekten einen enorm hohen Energiebedarf und brauchen viel Nektar. Im Schnitt besucht eine Hummel etwa zehn bis zwanzig Einzelblüten pro Minute. Im Hochsommer wird das Nahrungsangebot in Parks und Gärten meistens

Holzbiene

knapp. Dann findet man unter den zu dieser Zeit blühenden Silberlinden an den Straßen Mengen toter oder sterbender Hummeln. Lange glaubte man, dass der Nektar der fremdländischen Gehölze für die Tiere giftig oder zumindest unverdaulich sei. In Wirklichkeit stellen die Lindenblüten ein sehr attraktives, aber im Juli eben auch oft das einzige Nahrungsangebot dar, das Hummeln von weit her anzieht. Wenn auch diese Nektarquelle ausgebeutet ist, fallen die Insekten noch an Ort und Stelle geschwächt zu Boden und müssen verhungern.

WILDBIENEN IM GARTEN

Von den rund 500 mitteleuropäischen Wildbienenarten, zu denen auch die Hummeln gehören, leben viele in Gärten. Die meisten von ihnen bilden keine Staaten, sondern leben solitär und betreiben eine aufwendige Brutfürsorge. Eine der häufigsten Bewohnerinnen von Gärten und Siedlungen ist die **Rote Mauerbiene**. Als sehr anpassungsfähige Art besiedelt sie längliche, schmale Hohlräume aller Art: alte Fraßgänge von Käferlarven in morschem Holz, Bambusrohre oder Spalten in verwittertem Fugenmörtel an Hauswänden. Sogar in Entlüftungsöffnungen von Kunststoff-Fensterrahmen und in nicht benutzten Türschlössern hat man ihre Nester schon gefunden. In diesen Hohlräumen legt das Bienenweibchen Brutkammern an, indem es aus mit Speichel vermischtem Lehm Querwände einzieht. In die einzelnen hintereinander liegenden Kammern wird Pollen als Nahrungsvorrat für die Larven eingetragen und anschließend ein Ei in jede Brutkammer gelegt. Die **Gemeine Blattschneiderbiene** bettet ihren Nachwuchs auf Rosen. Mit ihren Kieferzangen schneidet sie Blattstücke aus, im Garten vorzugsweise von Rosenblättern, rollt sie tütenförmig zusammen und trägt sie in einen Nistgang ein. Die mit Pollenkuchen gefüllten Blatttüten dienen als Larvenkammern. Eine weitere typische Bewohnerin der Gärten ist die **Große Wollbiene**, die im Siedlungsraum häufiger auftritt als in der freien Landschaft. Für diese und viele andere Arten kann man sehr leicht künstliche Nisthilfen schaffen in Form von angebohrten Hartholzscheiben oder waagerecht aufgehängten Bündeln aus Bambusrohren, Schilfhalmen und Holundertrieben.

Zu den Charaktertieren der Gartenstadt gehört der Igel. Kleinteilig gegliederte, nicht allzu aufgeräumte Gärten bieten ihm alles, was er zum Leben braucht. Wenn es an Sommerabenden aus einer Hecke heraus laut schnauft und schmatzt, raschelt und knackt, kann man sicher sein, dass ein Igel auf Nahrungssuche ist. Ein wahres Igelparadies ist der eingangs erwähnte Garten in Hamburg-Tonndorf. Ein Teil des Grundstücks ist mit Obstbäumen und dichtem Gebüsch bepflanzt. Neben Ziersträuchern wie Flieder, Forsythie und Falschem Jasmin wachsen hier vor allem heimische Gehölze, die sich frei entfalten dürfen. Schwarzer Holunder, Roter Hartriegel, Heckenkirsche, Wildrosen, Weißdorn und Liguster liefern vom Frühjahr bis zum Herbst ein reichhaltiges Blüten- und Fruchtangebot. Heruntergefallene Früchte und Falllaub bleiben unter den Gehölzen liegen und werden so zur Nahrungsgrundlage für Schnecken, Regenwürmer, Asseln, die räuberischen Laufkäfer und andere Kleintiere, die die Laubstreu als Versteck nutzen. Kein Wunder, dass sich gleich mehrere Igel in diesem »ergiebigen« Garten aufhalten. Auch Verstecke gibt es mehr als genug. Das Holz, das beim regelmäßigen Schnitt der Obstbäume anfällt, wird in einer Ecke zu Reisighaufen auf einem Fundament von alten Baumstubben und starken Ästen aufgeschichtet. Über-

Honigbiene

wuchert von Geißblatt, einem heimischen Rankgewächs mit wunderschönen Blüten, ist im Schatten eines uralten Apfelbaums eine komfortable Igelburg entstanden, in der im Spätsommer die Igelkinder zur Welt kommen.

Viele Igel, die in penibel aufgeräumten Gärten möglicherweise ein passendes Tagesquartier, aber kaum ausreichend Nahrung vorfinden, haben ein größeres Streifgebiet in umliegenden Gärten und, sofern vorhanden, Grünanlagen und Parks. Neben dem Risiko, bei ihren nächtlichen Wanderungen von einem Auto überfahren zu werden, gibt es noch zahlreiche andere Gefahren für Stadtigel: Sie stürzen in ungesicherte Kellerschächte und ertrinken in steilwandigen Gartenteichen. Sie verletzen sich an scharfkantigen Konservenbüchsen und verheddern sich in achtlos weggeworfenen Schnüren oder werden beim Aufräumen im Garten versehentlich mit der Grabegabel aufgespießt. Allein im Jahr 2005 nahmen Igelschützer insgesamt 1299 verletzte, kranke oder geschwächte Tiere auf, um sie wieder aufzupäppeln.

Viele Tiere leiden an parasitischen Lungenwürmern. In den ordentlichen Gärten findet der Igel als Beutetiere fast ausschließlich Nacktschnecken und Regenwürmer, die als Zwischenwirte für die Larven des Parasiten dienen. Beim Fressen gelangen diese Larven in den Igel als Hauptwirt, wo sie in der Lunge ihre Entwicklung beenden und sich fortpflanzen. Befallene Igel leiden unter trockenem Husten und sind oftmals allgemein geschwächt. Normalerweise gehören zum Nahrungsspektrum des Igels auch Insekten wie die großen Laufkäfer, die vor Lungenwurmbefall schützen. Bei der Verdauung des harten Chitinpanzers der Käfer entstehen Spuren von hochgiftiger Blausäure, die als natürliches Gegenmittel die aufgenommenen Lungenwurmlarven bereits im

Magen abtötet. Wo aber moderndes Holz und altes Laub als bodennahe Verstecke fehlen, finden sich nur wenige Laufkäfer und andere Großinsekten. Auf eine einfache Formel gebracht: Je penibler die Gärten aufgeräumt werden, desto mehr leiden die Igel unter Lungenwurmbefall.

Als echte Winterschläfer verbringen Igel die kalte Jahreszeit in einem mit Laub und Moos gepolsterten Nest unter Reisighaufen oder in Holzstößen. Während des Winterschlafes, der von November bis Mai dauern kann, sind Stoffwechsel und Lebensfunktionen stark gedrosselt. Der Herzschlag verlangsamt sich von etwa 180 Schlägen auf nur noch acht bis zehn Schläge in der Minute, und die Körpertemperatur sinkt von 35 Grad im Wachzustand bis auf ein Minimum von vier Grad. Trotzdem verliert ein Igel während dieser Zeit etwa ein

Igel

Viertel seines Körpergewichts, das bei starken Tieren mehr als ein Kilogramm betragen kann. Er muss sich bis zum Winterschlaf also ein möglichst dickes Fettpolster angefressen haben, nicht nur um die Ruhephase zu überstehen, sondern um im Frühjahr genügend Energiereserven für das »Hochfahren« des Stoffwechsels mobilisieren zu können. Naturnahe Gärten und Parks mit einem ausreichenden Nahrungsangebot sind daher die beste Überlebensgarantie für den Igel in der Stadt.

Wo Igel sich wohlfühlen, sind auch Gartenvögel gut versorgt. Die Gartenstadtzone weist eine vielfältige und typische Vogelgemeinschaft auf. Unter den 20 häufigsten Vogelarten Hamburgs sind 15 klassische Besiedler von Gärten und Kleingärten, von denen die meisten erst vor wenigen Jahrzehnten dort heimisch geworden sind. Ihr ursprünglicher Lebensraum sind unterholzreiche Laubmischwälder, Waldränder und Heckenlandschaften. Die Gartenstadt mit ihren vielen Hecken und Gebüschen, immergrünen Gehölzen und Laubbäumen bietet reichlich Brutmöglichkeiten, Singwarten und klare Grenzen zwischen den einzelnen Vogelrevieren. Viele Arten wie die Amsel erreichen in der Gartenstadt höhere Dichten als im geschlossenen Wald. Wer im Frühjahr bei Sonnenaufgang dem Vogelkonzert lauscht, wird aus dem Klangteppich kaum mehr einen einzelnen Amselhahn heraushören können.

Fast jeder Garten kann die Ansprüche einer Amsel erfüllen. Einen geschützten Brutplatz findet sie in jeder Krüppelkonifere, in der regelmäßig gestutzten Ligusterhecke, im Balkonkasten oder an einer berankten Pergola. Zur Nahrungssuche bevorzugt sie kurz geschorene Rasenflächen, und die

Nähe des Menschen toleriert sie wie kaum ein anderer Vogel. Die Amsel, der Gartenvogel schlechthin, ist in Hamburg mit Abstand die häufigste Vogelart. Rund 70 000 Reviere ermittelten Vogelkundler bei ihren Zählungen für den Hamburger Brutvogelatlas – fast doppelt so viele wie von der Kohlmeise, der zweithäufigsten Art.

Rotkehlchen

Die Gartenstadt ist der Ausgangspunkt für den Prozess der Verstädterung von Vögeln, die bei einigen Arten längst abgeschlossen, bei anderen noch in vollem Gange ist. Während die Amsel, vor rund 200 Jahren noch ein scheuer Waldvogel, seit Jahrzehnten völlig an das Stadtleben angepasst ist, folgten Eichelhäher, Ringeltaube, Rotkehlchen, Kleiber oder Misteldrossel erst viel später nach, einige dafür umso schneller und mit großer Ausbreitungsdynamik. Ihre Anpassungsfähigkeit ist erstaunlich: Rotkehlchen und Grauschnäpper brüten in Blumenampeln, Zaunkönige errichten ihr Kugelnest in Türkränzen oder in der Tasche einer Trainingshose, die auf der Wäscheleine vergessen wurde.

Immer häufiger kann man im Winter Vögel in unseren Gärten beobachten, die zu dieser Jahreszeit eigentlich in Frankreich, Spanien oder Italien sein sollten. Diese so genannten Kurzstreckenzieher, zu denen Star, Singdrossel, Zilpzalp und Mönchsgrasmücke gehören, profitieren von der Klimaerwärmung, die uns durchschnittlich mildere Wintertemperaturen bringt. Das Bemerkenswerteste daran ist die Geschwindigkeit, mit der sich das genetisch fixierte Zugver-

Wacholderdrossel

halten von Vögeln ändert. Forscher der Vogelwarte Radolfzell führten Kreuzungsexperimente an Mönchsgrasmücken durch und kamen zu dem Ergebnis, dass bei dieser Art eine reine Zugvogelpopulation theoretisch in nur 25 Generationen beziehungsweise 40 Jahren zu reinen Standvögeln werden könnte. Bislang war man davon ausgegangen, dass ein solcher Prozess Tausende bis Zehntausende von Jahren dauern würde.

Die Gartenstadt spielt auch für Zugvögel aus dem Norden eine wichtige Rolle. Wenn bei Schnee und Frost die Regenwürmer auf den Wiesen und Weiden vor der Stadt unerreichbar sind, zieht es Scharen von Rot- und Wacholderdrosseln in die Hamburger Gärten, die hier die letzten Früchte und Beeren von Obstbäumen und Sträuchern abernten. In manchen Jahren fallen Schwärme von Seidenschwänzen invasionsartig bei uns ein. Diese hübschen, etwa starengroßen Vögel brüten in den Taigawäldern des hohen Nordens und ziehen in unregelmäßigen Abständen nach Süden, wenn in ihrer Heimat die Beerenkost besonders knapp ist. Im Winter 2004/2005 registrierten Vogelkundler in Hamburg mit rund 30 000 Vögeln den stärksten Einflug von Seidenschwänzen seit Jahrzehnten. 2005/2006 kam es zu einer erneuten, wenngleich schwächeren Invasion der Vögel, die auf der Suche nach Beeren sogar in der Innenstadt auftauchten.

Besonders beliebt bei Vögeln sind die Früchte von Vogelbeere und Schwarzem Holunder, die im Spätsommer, wenn speziell Insektenfresser ihre Nahrung auf Früchte umstellen, komplett abgefressen werden. Bis vor wenigen Jahren waren Wissenschaftler davon ausgegangen, dass Beeren und Früchte für die Vögel ausschließlich leckeres Naschwerk seien, denn sie enthalten nur wenig Energie und Nährstoffe. Inzwischen weiß man, dass insbesondere die Beeren des Schwarzen Holunders für Zugvögel unverzichtbar sind, um sich genügend Fettreserven für den Energie zehrenden Flug in den Süden anzufuttern. Dieses Fett kann die Hälfte des Körpergewichts ausmachen. So wiegt eine Gartengrasmücke außerhalb der Zugzeit 16 bis 18 Gramm, vor dem Abflug ins afrikanische Winterquartier legt sie innerhalb weniger Tage auf 34 Gramm zu. In Laborversuchen konnte gezeigt werden,

Mönchsgrasmücke auf Schwarzem Holunder

Weißdornfrüchte

dass diese Gewichtszunahme mit Insektennahrung allein nicht zu erreichen war, wohl aber bei Fütterung mit Beeren des Schwarzen Holunders. Bekamen die Vögel die Früchte des nah verwandten Roten Holunders vorgesetzt, verloren sie an Gewicht. Entscheidend ist der unterschiedliche Gehalt an ungesättigten Fettsäuren in den Früchten. Denn das Speicherfett der Zugvögel besteht überwiegend aus ungesättigten Fettsäuren, die vor allem in pflanzlicher Nahrung vorhanden sind. Im Labor zeigte sich auch, dass die Vögel aus einer Mischung verschiedener Beeren ganz gezielt diejenigen mit dem höchsten Gehalt an ungesättigten Fettsäuren herauspickten. Woran sie das erkennen, wissen wir nicht. Vermutlich ist ihnen das Wissen darum, welche Beeren fett machen und welche nicht, angeboren.

DER WEISSDORN – EIN STRAUCH FÜR ALLE FÄLLE

Der Weißdorn gehört zu den bekanntesten und anpassungsfähigsten heimischen Gartensträuchern. Unter mehreren Arten ist der Eingriffelige Weißdorn am häufigsten anzutreffen. Die Bezeichnung Hag- oder Heckdorn deutet an, dass er zu den ältesten Heckenpflanzen zählt. Dichte Weißdornhecken dienten in früheren Zeiten als Einfriedung für Felder und Viehweiden. Um einen dichten Bewuchs zu erhalten, wurden die Sträucher in regelmäßigen Abständen »geknickt«. Dabei wurden stärkere Äste an der Oberseite halb eingeschnitten und nach unten geknickt. So bildete sich im Laufe der Jahre ein dornenbewehrter, undurchdringlicher lebender Zaun. Noch heute ist in Norddeutschland die Bezeichnung »Knick« für eine Feldhecke gebräuchlich. Am schönsten wirkt der Strauch allerdings, wenn er sich frei entfalten kann.

Der Weißdorn kann bis zu sechs Meter hoch und vier Meter breit werden und ein Alter von 500 Jahren erreichen. Wegen seiner hohen Schnittverträglichkeit kann man ihn problemlos auf »Gartenformat« zurückstutzen. Es gibt auch eine zwergenwüchsige Sorte für kleine Gärten. Im Mai ist der Weißdorn mit weißen Scheibenblüten, die ihn als Mitglied der Familie der Rosengewächse ausweisen, wie überschüttet. Im Herbst leuchten die roten, an Hagebutten erinnernden Früchte, die bei regelmäßig geschnittenen Hecken nicht erscheinen, da die Blüten nur am mehrjährigen Holz ansetzen. Als Nahrungspflanze für zahlreiche Vögel, Säugetiere und Insekten ist der Weißdorn einer der wertvollsten heimischen Wildsträucher. Durch seinen dichten Wuchs und die starke Bedornung ist er zudem ein hervorragendes Vogelschutzgehölz.

Weißdornblüte

Naturschutzgebiet Heuckenlock

Wasserwildnis

Riesige Pflanzen und seltene Tiere an der Elbe

Wer auf der Autobahn A1 in Höhe der Raststätte Stillhorn über die Süderelbbrücke fährt, kann einen flüchtigen Blick auf eines der wertvollsten und ursprünglichsten Naturschutzgebiete Hamburgs werfen, das Heuckenlock. Zwischen der Hochhaussiedlung Kirchdorf-Süd und der Bunthausspitze, an der sich der Strom in Norder- und Süderelbe teilt, erstreckt sich auf einer Länge von gut drei Kilometern und einer Breite von 300 bis 400 Metern entlang des Nordufers der Süderelbe eine amphibische Wildnis, die noch heute einen Eindruck davon vermittelt, wie die Landschaft im Urstromtal der Elbe früher ausgesehen haben mag. Der Mündungsbereich der Elbe beginnt bereits im Hamburger Hafen und unterliegt, obwohl rund 100 Kilometer von der Nordsee entfernt, dem Einfluss der Gezeiten. Bevor die Elbe eingedeicht und ihr Flussbett für die Schifffahrt regelmäßig vertieft wurde, pendelte der Strom in einem breiten Tal hin und her. Bei jeder auflaufenden Flut staute sich das abfließende Elbwasser, mitgeführte Sedimente lagerten sich ab. Im Laufe der Zeit entstanden immer mächtigere Ablagerungen aus feinem Kies, Sand und Schlick, durch die der Fluss sich seinen Weg bahnen musste. Dabei spaltete er sich in zahlreiche größere und kleinere Arme auf, es entstand ein typisches Flussdelta, in dem sich der Hauptstrom immer wieder verlagerte. Diese Landschaft war geprägt durch Auwälder und

Sumpfdotterblume

Röhrichte, Altarme und Priele, Sandbänke und Schlickwatten, wie sie noch heute in letzten Resten im Heuckenlock oder im Naturschutzgebiet Schweenssand am gegenüber liegenden Elbufer zu finden sind.

Das Heuckenlock lässt sich am besten erleben, wenn man es vom Moorwerder Hauptdeich aus über einen schmalen Weg parallel zum Fluss durchwandert. Die Vegetation wuchert im Sommer fast so üppig wie im tropischen Dschungel. An 30 Meter hohen Baumriesen ranken heimische Lianen wie Waldgeißblatt und Wilder Hopfen empor. Schilfpflanzen werden bis zu fünf Meter hoch, Brennnesseln wachsen mannshoch auf, und die Sumpfdotterblume mit ihren auffällig gelben Blüten, sonst auf feuchten Wiesen und an Grabenrändern mit 20 bis 40 Zentimetern Höhe eher von bescheidenen Ausmaßen, erreicht hier XXL-Format. Anderthalb Meter große Exemplare mit fast rhabarbergroßen Blättern sind keine Seltenheit.

Das Geheimnis dieses Riesenwuchses liegt in der guten Versorgung mit Wasser und Nährstoffen. Das Heuckenlock ist ein Auwald, genauer gesagt ein Tideauwald, der dem täglichen Rhythmus von Ebbe und Flut unterliegt. Durch die vielen größeren und kleineren Priele strömt das Elbwasser regelmäßig ein und aus, und bei Hochwasserständen wird das gesamte Gebiet meterhoch komplett unter Wasser gesetzt. Dabei wird nährstoffreicher Schlick abgelagert, der für eine permanente natürliche Düngung sorgt. Dieser von den Gezeiten beeinflusste Wald gilt mittlerweile als europaweit ein-

Priel im Heuckenlock

zigartig, nachdem solche Lebensräume anderswo längst Eindeichungen und Flussregulierungen zum Opfer gefallen sind.

DAS HEUCKENLOCK

Im Mittelalter gehörte die Süderelbe zwischen Finkenwerder und der Bunthausspitze den Fürsten zu Lüneburg und später dem Königreich Hannover. Die hannoversche Stadt Harburg wetteiferte mit der Hansestadt Hamburg um die lukrativen Hafengeschäfte. Die Hamburger fürchteten um ihren aufstrebenden Hafen an der Norderelbe, weil Harburg einen eigenen Hafen an der Süderelbe im Bereich des Heuckenlocks plante. Um das zu verhindern, brachte sich Hamburg schließlich in den Besitz der Bunthausspitze und blockierte so die Hafenpläne der Konkurrenz. Erst das Großhamburg-Gesetz von 1937, durch das Harburg zu einem Hamburger Stadtteil wurde, beendete den Dauerstreit, und die Pläne für einen Hafen an dieser Stelle wurden endgültig aufgegeben. Weil das Heuckenlock auch für eine Besiedelung oder landwirtschaftliche Nutzung viel zu nass war, konnte es seinen ökologischen Wert bis heute bewahren.

Bei Überflutungen setzt sich der vom Elbwasser transportierte Sand in Ufernähe ab und türmt sich zu natürlichen Wällen auf. Der ebenfalls mitgeführte, leichtere, nährstoffreiche Schlick sedimentiert weiter landeinwärts. Auf den tiefer gelegenen Schlickflächen breiten sich Schilfröhrichte aus. Für Bäume ist es hier viel zu nass, ihre Wurzeln finden in dem tiefgründigen Matsch keinen Halt. Auf den sandigen Uferwällen und anderen höher gelegenen Stellen, die weniger häufig überschwemmt werden, gedeiht ein Auwald aus Weiden, Pappeln und Eschen. Hier darf alles wachsen, wie es will, und auf natürliche Weise wieder vergehen. Umgestürzte Bäume, von Hochwässern oder treibenden Eisschollen gefällt, liegen kreuz und quer. Bizarre Wurzelteller ragen in die Luft und verschwinden binnen weniger Jahre unter wucherndem Grün. Doch der urwaldartige Anblick täuscht: Der heutige Wald ist erst wenige Jahrzehnte alt. Früher gab es hier einen großen Bestand aus Eichen, Eschen und Ulmen, typische Gehölze der Hartholzaue, die entlang der Flüsse auf selten überschwemmten Flächen wachsen. Unmittelbar nach dem Zweiten Weltkrieg wurden die Laubbäume nahezu komplett eingeschlagen, weil das wertvolle Holz als Teil der auferlegten Reparationszahlungen an die Siegermächte geliefert wurde. Nur eine über 400 Jahre alte Flatterulme mit einem Stammumfang von fast viereinhalb Metern erinnert noch an die einstige Hartholzaue. Um die entstandenen Lücken zu füllen, wurden in der Folgezeit schnellwüchsige Hybridpappeln und Kopfweiden gepflanzt, Grundlage des heutigen Waldes.

Dennoch gehört das Heuckenlock aus botanischer Sicht bis heute zu den wertvollsten Gebieten Europas. Die Dynamik dieser Auenlandschaft mit ihren unterschiedlichen, kleinräumig wechselnden Standortverhältnissen bedingt eine

Heuckenlock-Wildnis

enorme Artenfülle. Rund 700 Pflanzenarten sind hier zu Hause, darunter ausgesprochene Raritäten wie die Grannensegge, eine Riedgrasart mit östlicher Verbreitung, die in Deutschland nur hier und an wenigen Stellen in der brandenburgischen Elbtalaue gedeiht. Die zu den Süßgräsern zählende Wibelsschmiele und einige seltene, hochspezialisierte Moose sind in ihrem Vorkommen auf die tidebeeinflussten Unterläufe norddeutscher Flüsse beschränkt. Die größte Kostbarkeit aber ist der Schierlings-Wasserfenchel, der mit seinen fein gefiederten Blättern und den weißen Doldenblüten aussieht wie eine zu groß geratene Petersilie. Diese endemische Art wächst nur auf wenigen Stromkilometern im Süßwassertidebereich der Elbe und sonst nirgendwo auf der Welt. Da heute das Stauwehr Geesthacht den Tideeinfluss elbauf-

Schierlings-Wasserfenchel

wärts begrenzt und etwa in Höhe der Südspitze der Elbinsel Pagensand die Brackwasserzone beginnt, in der sich das Süßwasser der Elbe mit salzigem Meerwasser mischt, ist das Vorkommen des Schierlings-Wasserfenchels zu wesentlichen Teilen auf die Stadt Hamburg beschränkt.

Das Heuckenlock beherbergt den aktuell größten Bestand dieser vom Aussterben bedrohten Pflanzenart, deren Gesamtpopulation auf nur noch 1000 bis 1500 blühende Exemplare geschätzt wird. Überwiegend existiert diese Art jedoch in Form von Samen, die mehr als 30 Jahre lang im Schlick überdauern können. Der Schierlings-Wasserfenchel ist ein typischer Pionier neu entstandener vegetationsloser Schlammflächen, wie sie unter natürlichen Bedingungen durch Hochwässer und Eisgang immer wieder geschaffen werden. Dort keimen seine Samen sehr schnell und entwickeln sich innerhalb von zwei Jahren zur blühenden und fruchtenden Pflanze. Der Konkurrenz anderer hoch- und raschwüchsiger Pflanzen wie Schilf ist der Schierlings-Wasserfenchel nicht gewachsen – seine Überlebensgarantie ist die Samenbank im Schlamm, mit der er ungünstige Lebensbedingungen überdauert. Eindeichungen, steinerne Uferbefestigungen und die Abdämmung der Nebengewässer durch Sperrwerke haben in den letzten Jahrzehnten die natürliche Dynamik der Elbe größtenteils unterbunden, so dass diese Pflanzenart inzwischen kaum mehr geeignete Wuchsbedingungen vorfindet. Für kurze Zeit gedieh der weltweit größte Bestand des Schierlings-Wasserfenchels im Naturschutzgebiet Rhee, in der Nähe des Autobahndreiecks Hamburg-Süd, nachdem dort 1994 Elbschlick aufgespült worden war.

Das Heuckenlock liegt im Regenschatten der Harburger Berge – im jährlichen Mittel fallen hier rund 200 Millimeter weniger Niederschlag als im übrigen Stadtgebiet. Das wirkt sich auf das Lokalklima aus. Im Sommer ist es deutlich wärmer und im Winter kälter als sonst in Hamburg. Damit ist das Gebiet eine kontinental getönte Klimainsel innerhalb des atlantischen Klimabereichs. Deshalb können hier Pflanzen und Bäume wie der Langblättrige Ehrenpreis und die Schwarzpappel gedeihen, die normalerweise viel weiter östlich verbreitet sind. Ihre Samen werden von der Elbe hierher verfrachtet.

Diese Wasserwildnis ist einer steigenden Gefahr ausgesetzt, die auch die Menschen in der Region bedroht. Durch Vertiefungen des Elbfahrwassers für immer größere Containerfrachter und Großtanker läuft heute der Flutstrom höher und schneller auf. Inzwischen heißt es bis zu hundert Mal im Jahr »Land unter« im Heuckenlock. Der Treibselsaum am Deich, bestehend aus abgestorbenen oder abgerissenen Pflanzenteilen, zeigt an, dass das Wasser teilweise mehr als drei Meter hoch im Wald steht. Eine so häufige Überflutung vertragen selbst die an Hochwässer angepassten Gehölze des Auwaldes nur schwer. Immer mehr Bäume sterben langsam ab, schon jetzt hat sich der Anteil der Schilfröhrichte deutlich zulasten des Auwaldes vergrößert. Ein rund neun Meter hoher Deich, der das Heuckenlock zum landwirtschaftlich genutzten und besiedelten Umland hin begrenzt, bietet den Menschen den notwendigen Schutz vor verheerenden Überschwemmungen. Doch er verhindert gleichzeitig, dass sich der Tideauwald langfristig weiter landeinwärts verlagern kann. Der Deich verkehrt somit die schöpferische Kraft der Hochwässer und Sturmfluten, die die Landschaft schufen und weiterhin formen, für die Bäume ins zerstörerische Gegenteil. Auch die Menschen dürfen sich nicht allzu sicher fühlen. Die Sturmflutkatastrophe von 1962, bei der in Hamburg 315 Menschen den Tod fanden, ist nicht vergessen. Im Bereich zwischen Norder- und Süderelbe, Europas größter Flussinsel, gab es die meisten Opfer.

Früher dienten die Auwälder, Überschwemmungswiesen und Röhrichte als natürliche Rückhalteflächen, in denen die Strömungsgeschwindigkeit gebremst und Hochwasserspitzen auf natürliche Weise gekappt wurden. Heute verhindern Deiche ein flaches, ausgedehntes Auslaufen der Hochwässer, die deswegen immer das Risiko bergen, dass es zu verheerenden Deichbrüchen kommt. Zahlreiche Bracks entlang der Elbe erinnern an solche vergangenen Katastrophen. Diese idyllisch wirkenden Gewässer sind allesamt durch Deichbrüche entstanden, als das Wasser mit Urgewalt Strudellöcher in das Land riss. Inzwischen haben sich viele dieser Bracks zu wertvollen Lebensräumen für eine artenreiche Flora und Fauna entwickelt, einige wie das Kiebitzbrack oder das Carls-Brack in den Vier- und Marschlanden im Südosten der Stadt sind als Naturschutzgebiete oder Naturdenkmale ausgewiesen.

Die letzte große Rückhaltefläche in Hamburg wurde mit der teilweisen Zuschüttung des Mühlenberger Lochs, einer weiten Elbbucht zwischen Finkenwerder und der westlichen Hamburger Landesgrenze, vernichtet. 170 Hektar Elbwatten und Flachwassergebiete wurden zubetoniert, um Platz zu schaffen für die Erweiterung der benachbarten Airbus-Flug-

Brandgänse im Mühlenberger Loch

zeugwerft. Wenngleich dieses Areal nur ein Viertel der Gesamtfläche ausmacht, wurde damit doch der ökologisch wertvollste Kernbereich zerstört – mit Folgen für das gesamte Ökosystem der Unterelbe. Denn im jetzt überbauten östlichen Bereich des Mühlenberger Lochs fanden sich die besten Bedingungen für Myriaden von Würmern, Kleinkrebsen und anderen Bodentieren im Schlick – Garanten nicht nur für die biologische Selbstreinigung der Elbe, sondern auch Nahrungsgrundlage für Jungfische und Vögel. Hier befand sich das wichtigste Laich- und Aufwuchsgebiet der Elbfische in der Unterelbe. Immerhin wurde im Oktober 2005 die Restfläche des Mühlenberger Lochs zum Naturschutzgebiet erklärt. Zusammen mit der westlich anschließenden Elbinsel Neßsand, die seit 1952 unter Schutz steht, umfasst das neue Reservat 650 Hektar Flusslandschaft.

Die heute rund 170 Hektar große Insel Neßsand entstand durch Sandaufspülungen Anfang der 1940er Jahre zwischen den Inseln Schweinesand und Hanskalbsand, die in den

Folgejahren zur neuen Insel Neßsand zusammenwuchsen. Nach der Ausweisung als Naturschutzgebiet entwickelte sich hier eine ursprüngliche Landschaft, die alle Biotopelemente zu bieten hat, die ehemals in dieser Region zu finden waren: Sandstrände, Schlickwatten, Flachwasserzonen, Flussröhrichte, Auwaldbestände und ausgedehnte nährstoffarme Trockenrasen – Lebensräume für eine artenreiche, hochspezialisierte Tier- und Pflanzenwelt, die gewissermaßen als Nebeneffekt entstanden sind. Denn Ziel der Aufspülung war es nicht, ein Naturparadies zu schaffen. Die neue Insel sollte als eine Art Leitdamm dienen, um die Strömung der Elbe in das Fahrwasser zu lenken, wodurch das Versanden der Fahrrinne verzögert und der Aufwand für immer wieder notwendige Baggerarbeiten verringert werden konnte.

Süßwasserwatt

Auch das Mühlenberger Loch existiert in seiner jetzigen Ausprägung erst seit ein paar Jahrzehnten. Ursprünglich mündete die Alte Süderelbe zwischen den Dörfern Finkenwerder und Neuenfelde in die Elbbucht. Nach der Sturmflutkatastrophe von 1962 wurde die Alte Süderelbe vom Hauptstrom abgetrennt und dadurch zu einem Stillgewässer, das heute die landesweit größte Population des seltenen Seefrosches beherbergt und ein bevorzugtes Jagdrevier des Fischadlers ist. Weil das ursprünglich tiefe Mühlenberger Loch nach der Abdeichung nicht mehr durchströmt wurde, lagerten sich mit dem Flutstrom herantransportierte Sedimente hauptsächlich im östlichen Teil der Elbbucht ab. Dadurch entwickelte sich hier im Laufe weniger Jahrzehnte das größte Süßwasserwatt Europas, ein äußerst selten gewordener Lebensraum. Gerade im östlichen Bereich, wo das Watt allmählich immer höher wuchs, lief das Wasser bei Flut nur sehr langsam auf. Über Stunden wanderte der Wassersaum auf breiter Front durch das Mühlenberger Loch. Ideale Bedingungen insbesondere für Wasservögel wie die zierliche Krickente und ganz besonders für die anspruchsvolle Löffelente, für die das Gebiet zum bedeutendsten Rastplatz in Nordwesteuropa wurde – trotz der dröhnenden Flugzeuge, die auf dem Airbus-Werksflugplatz starten und landen.

Die Enten scheinen genau zu wissen, dass ihnen von den Flugzeugen keine Gefahr droht. Und umgekehrt scheint Vogelschlag, die Kollision von Vogelschwärmen mit Flugzeugen, kein Problem zu sein, denn anders als auf dem Gelände des Hamburger Flughafens Fuhlsbüttel wurde und wird hier auf eine Vergrämung der Vögel verzichtet. Seltene Arten wie die Zwergmöwe und die als Brutvogel hierzulande vom Aussterben bedrohte Trauerseeschwalbe flogen in derart großen Zah-

Kormorane vor Blankenese

len ein, dass die Elbbucht 1992 zu einem »Feuchtgebiet internationaler Bedeutung« erklärt und 1998 als Europäisches Vogelschutzgebiet und als Reservat nach der Fauna-Flora-Habitat-Richtlinie der Europäischen Union in Brüssel angemeldet wurde, was ihre Teilverfüllung allerdings nicht verhindern konnte.

Heute noch ist der Elbabschnitt zwischen der westlichen Landesgrenze und Finkenwerder als Lebensraum für Fische und Zugvögel von herausragender Bedeutung. Seit 1980 wurden 31 Fischarten nachgewiesen, neben Stint und Flunder auch mehrere europaweit gefährdete Arten. Die Finte, eine Verwandte des Herings, wandert aus der Nordsee hierher, um zu laichen – sofern sie nicht im Magen eines Rapfens landet, eines karpfenartigen Raubfisches, der bis zu einem Meter lang wird. Fischereibiologen entdeckten im Mühlenberger Loch sogar einige Exemplare des Nordseeschnäpels, eines wohlschmeckenden Lachsfisches, der schon als ausgestorben galt. Die zahlreichen Fische, die von der stetig verbesserten Wasserqualität der Elbe profitieren, locken illustre Gäste an. Der Seeadler ist an der Elbe wieder regelmäßig zu beobachten, und auch einzelne Seehunde tauchen immer wieder auf.

Besonders auf der Insel Neßsand liegen regelmäßig Seehunde am Strand – 100 Kilometer von der Nordsee entfernt. Auch Heuler, verlassene Robbenbabys, wurden schon gefunden – 1995 bei Wedel und 1996 im Rüschkanal bei Finkenwerder. Mitunter wandern Seehunde auch noch viel weiter die Elbe hoch. Vor dem Bau des Geesthachter Sperrwerks schafften es einige bis nach Magdeburg.

In den Jahren 2002 bis 2004 hielt sich ein Seehund rund um das Naturschutzgebiet Die Reit in den Vier- und Marschlanden auf. Mal tauchte er in der Dove Elbe auf, mal in der Gose Elbe, Nebenarmen des Hauptstroms, und oft sonnte er sich auf Bootsstegen. Im Mai 2004, als ich den Seehund wieder einmal bei der Jagd beobachtete, bescherte er mir ein üppiges Fischgericht. Nach einem heftigen Geplantsche tauchte er mit einem halbmeterlangen Hecht in der Schnauze an der

Seeadler

Seehund in der Gose Elbe

Wasseroberfläche auf. Offenbar hatte er aber keinen Hunger, denn er biss den Fisch nur tot, ließ ihn dann los und verschwand wieder in den Fluten. Bei auflandigem Wind trieb der Hecht ans Ufer, wo ich ihn nur einzusammeln brauchte. Im darauf folgenden Herbst war der Seehund dann plötzlich verschwunden. Über sein Schicksal ist nichts bekannt.

Im Mai 2005 verirrte sich eine Gruppe von vier Schweinswalen ins Mühlenberger Loch. Sie kamen teilweise bis auf wenige Meter an die auf der Elbe kreuzenden Segelboote heran – eine fantastische Gelegenheit zum »whale watching« vor Blankenese. Der mit den Delfinen verwandte Schweinswal, der ausgewachsen nur knapp zwei Meter lang ist, ist die einzige Walart, die regelmäßig vor unseren Küsten lebt.

Für viele Wat- und Wasservögel sind die verbliebenen Süßwasserwatten und Flachwasserbereiche der Mühlenberger Elbbucht nach wie vor ein wichtiges Rastgebiet. Regelmäßige Vogelzählungen ergaben für die Krickente Zahlen von bis zu 8090 Exemplaren – fast doppelt so viele wie vor dem Eingriff, was wohl auf eine allgemeine Zunahme der Rastbestände im

Schweinswal vor Schweinesand

Unterelberaum in den letzten Jahren zurückzuführen ist. Die Zahl der Löffelenten allerdings ging drastisch zurück. Eigentlich sollten sie einen neuen Lebensraum auf der Elbinsel Hahnöfersand erhalten, wo Wald und Wiesen weichen mussten, um neue Flächen als Ersatz für die zerstörten Watt- und Flachwasserbereiche der Mühlenberger Elbbucht zu schaffen. Doch dort scheint sich eher ein neuer Auwald zu entwickeln, ein zwar wertvoller, europaweit bedrohter Lebensraum, aber kein geeigneter Platz für Löffelenten.

Löffelenten

Ein Teil der vertriebenen Löffelenten hat inzwischen ein neues Refugium in einem Gebiet gefunden, dessen Bedeutung für die Vogelwelt Kennern schon bekannt ist. In den Stadtteilen Rothenburgsort und Billwerder-Moorfleet befindet sich zwischen Industriegebieten und dem Autobahndreieck Hamburg-Südost eine wahr-

Wasservögel am Holzhafen …

hafte Naturoase. Unweit der Hamburger Umweltbehörde zweigt die Billwerder Bucht ab, ein großes Nebengewässer der Norderelbe. Im südlichen Bereich, dem Holzhafen, haben sich ähnlich wie im Mühlenberger Loch ausgedehnte Schlickwatten ausgebildet. Trotz der vergleichsweise geringen Größe von nur etwa 20 Hektar ist hier ein Vogelparadies entstanden. Vor der imposanten Kulisse des Kraftwerks Tiefstack, das die Szenerie beherrscht, lassen sich besonders während der Zugzeiten im Frühjahr und Herbst unzählige Wasser- und Watvogelarten beobachten, die in großen Scharen im Elbschlick nach Nahrung suchen, trotz der nahen Autobahn und der Gewerbebetriebe in der Umgebung.

In unmittelbarer Nachbarschaft, zwischen Norderelbe und Billwerder Bucht, liegt das Gebiet Kaltehofe, ein ehemaliges Gelände der Hamburger Wasserwerke mit 22 teilweise verlandeten Filterbecken, in denen von 1893 bis 1990 Trinkwasser gereinigt wurde. Als die Anlage noch in Betrieb war, sammelten sich bei winterlichem Frostwetter regelmäßig Tausende von Wasservögeln auf den stets eisfreien Teichen. Auch

… und auf Kaltehofe

jetzt brüten und rasten hier viele Vogelarten. Da das Gelände nach wie vor eingezäunt ist, sind sie vor Störungen sicher. Die Liste der im Bereich Billwerder Bucht und Kaltehofe registrierten Arten liest sich wie ein »Who's who« der Vogelwelt: Rohrdommel, Silberreiher, Rostgans, Schwarzhalstaucher, Knäkente, Kolbenente, Zwergsäger, Seeadler, Rotschenkel, Säbelschnäbler, Sichelstrandläufer, Steppenmöwe, Bartmeise – Arten, die jeden Vogelbeobachter in Begeisterung versetzen.

Kormoran

Südlich der A1, die das Gebiet in Ost-West-Richtung durchschneidet, liegen vier weitere ehemalige Klärteiche. Dort befindet sich seit 1994 Hamburgs einzige Kormorankolonie. 2005 brüteten 220 Paare in einem Gehölzstreifen zwischen den Teichen, wo sie ihre Nester direkt am und über dem Wasser anlegen können und durch einen hohen Zaun geschützt sind. Die schwarzen Vögel lassen sich vom Deich entlang der Dove Elbe hervorragend beobachten, wenn sie in geringer Höhe zwischen der Brutkolonie und ihren Fischgründen in der Norder- und Dove Elbe hin- und herfliegen.

Kormorankolonie

Regelmäßig überqueren sie im Bereich der Norderelbbrücke auch die Autobahn, zum Glück stets hoch genug, denn ein Zusammenprall eines der gut gänsegroßen Vögel mit einem Auto hätte fatale Folgen.

Südlich der Teiche schließt sich das so genannte Vogelschutzgehölz an, ein artenreicher, naturnaher Laubmischwald. Dieses kleine Wäldchen wuchs von ganz allein auf einem ehemaligen Spülfeld in der Nähe der früheren Billesiedlung auf. Das vielstimmige Gezwitscher im Vogelschutzgehölz, die schilfbestandenen Uferpartien der Gose Elbe, die Kormorane über dem Deich und die Schlickwatten im Holzhafen zeigen, dass die Elbnatur sich zwischen Industrie und Autobahn behaupten kann – sofern man sie nur lässt.

HAMBURG – BRENNPUNKT DES VOGELZUGES

Viele Wasservögel machen auf ihren jährlichen Wanderungen zwischen den Brutgebieten in Nord- und Osteuropa und den Winterquartieren, die rund um das Mittelmeer, teilweise auch an der westafrikanischen Küste liegen, regelmäßig an der Elbe Station. Der Fluss dient vielen Zugvögeln als Orientierungshilfe (Zugleitlinie). Die Nähe zu Nord- und Ostsee spiegelt sich deutlich im Artenspektrum wider. Besonders während des Vogelzuges im Frühjahr und Herbst sieht man große Scharen verschiedener Enten und Möwen, aber auch Watvögel wie Austernfischer, Säbelschnäbler, Kiebitze, Regenpfeifer und Strandläufer.

Kaum bekannt ist, dass Hamburg direkt auf der Vogelfluglinie liegt, die von Südschweden aus über die Ostseeinsel Fehmarn nach Südwesten führt. Vögel, die auf dieser Route ziehen, erreichen die Elbe am Westrand von Hamburg. Während Wasservögel wie Enten und Wildgänse, aber auch Schnepfen und Regenpfeifer problemlos die Elbe queren, stellt der breite Strom für viele ziehende Kleinvögel ein ernsthaftes Hindernis dar. Insbesondere Waldbewohner wie Drosseln, Finken und Meisen scheuen sich, über die gut zwei Kilometer breite offene Wasserfläche zu fliegen, die ihnen keinerlei Deckung und Schutz vor jagenden Greifvögeln bietet. Sie konzentrieren sich daher an einer Stelle, an der sie günstige Bedingungen vorfinden, um den Flug quer über die Elbe zu wagen. Am Hamburger Yachthafen, westlich der Kleinstadt Wedel gelegen, steht ein Wäldchen direkt am Ufer, und die Insel Neßsand bietet die Möglichkeit zu einem Zwischenstopp. An guten Zugtagen ziehen hier innerhalb weniger Stunden Tausende von Vögeln durch. Ornithologen registrieren die Zahlen bei systematischen, so genannten Zugplanbeobachtungen. Die beste Möglichkeit, den Vogelzug, aber auch typische Brut- und Rastvögel der Elbmarschen aus der Nähe zu erleben, hat man stromabwärts in der Carl Zeiss Vogelstation in der Wedeler Marsch.

Ein weiterer Schwerpunkt des Vogelzuges befindet sich stromauf im Naturschutzgebiet Die Reit in den Vier- und Marschlanden. Dort, am Zusammenfluss der Elbnebenarme Gose und Dove Elbe, liegt eine sumpfige Wildnis mit Teichen, Schilfröhrichten, Weidengebüschen und einem urwüchsigen Birkenbruchwald – offenbar ein idealer Rastplatz besonders für nächtlich ziehende Singvögel wie Rohrsänger und Grasmücken. Hier betreibt der NABU Hamburg seit Ende der 1960er Jahre eine Forschungsstation, in der in Zusammenarbeit mit der Vogelwarte Helgoland Zugvögel beringt werden. Die Vögel werden von Juli bis Anfang November in einer 370 Meter langen Anlage mit stationären Netzen gefangen und anschließend in der Station untersucht und mit einem Ring versehen – bislang wurden mehr als 120 000 Vögel markiert. Ziel ist die Erforschung des Kleinvogelzuges, sein zeitlicher Verlauf oder die Rastplatzökologie sowie das Monitoring von großräumigen Bestandsveränderungen bei Zugvögeln. Die wissenschaftliche Arbeit der Station wurde initiiert durch das »MRI-Programm«, dessen Name sich von den ursprünglich beteiligten Forschungsstationen **M**ettnau am Bodensee, **R**eit und **I**llmitz am Neusiedler See (Österreich) ableitet. Es ist das bekannteste langfristige, standardisierte Vogelzugforschungsprojekt im europäischen Raum, das weltweite Beachtung gefunden hat.

Flatterulme im Heuckenlock

Uferschnepfe

Moore und Feuchtwiesen

Wachtelkönig und Steinbeißer in der Elbmarsch

In Hamburg haben sich jahrhundertealte Kulturlandschaften erhalten, die heute nicht nur zu den wertvollsten Naturschutzgebieten der Stadt zählen, sondern Teil des Europäischen Naturerbes sind. Eines dieser Gebiete ist der so genannte Moorgürtel nördlich des Hamburger Stadtteils Neugraben-Fischbek.

Kuckuckslichtnelke

Vom oberen Deck des Parkhauses am S-Bahnhof Neugraben schweift der Blick in Richtung Norden zunächst über die riesige Baustelle einer neuen Wohnsiedlung. Dahinter erstreckt sich eine Feuchtwiesenlandschaft mit eingestreuten Resten eines früher weitläufigen Geestrandmoores. Hier beherrschen im Frühjahr die weißen Blüten des Wiesenschaumkrauts und das Gelb von Hahnenfuß und Sumpfdotterblume das Bild. Etwas später kommen die hellroten Blüten der Kuckuckslichtnelke und die rosafarbenen des Schlangenknöterichs hinzu – eine Blütenpracht, wie sie auf intensiv bewirtschafteten Grünlandflächen nicht zu finden ist. Denn dort, wo Gülle oder Mineraldünger aufgebracht wird, haben die bunten Blumen keine Überlebenschance. Durch die Düngung wachsen die Wiesengräser schnell und hoch auf und nehmen den krautigen Pflanzen Licht und Raum. Doch auch die so natürlich erscheinende blütenreiche Feuchtwiesenlandschaft ist eine Kulturlandschaft, die aus Naturschutzsicht allerdings viel wertvoller ist als das artenarme Wirtschaftsgrünland.

Ursprünglich erstreckte sich im Moorgürtel eine Moorlandschaft zwischen der Geest der Harburger Berge und dem Obstmarschengürtel des Alten Landes. Der größte Teil dieser typischen Geestrandmoore ist längst trockengelegt oder überbaut, so im Bereich der südlich von Hamburg liegenden Ortschaften Meckelfeld, Maschen und Stelle, wo Mitte der 1960er Jahre Europas größter Rangierbahnhof entstand.

Aurorafalter

Das Gebiet bei Neugraben-Fischbek ist somit der letzte verbliebene Rest dieses Landschaftstyps. Im Gegensatz zu den fruchtbaren Marschen in Elbnähe taugen die sauren, nassen Böden des Moorgürtels nicht für eine intensive Nutzung, da vor allem das ober- und unterirdisch von den Harburger Bergen hereindrückende Wasser eine dauerhafte Trockenlegung der tiefgründig vernässten Böden verhinderte. Bis zu fünf Meter mächtige Torfschichten hielten das Wasser wie ein Schwamm. Weil zudem viele der zwangsläufig extensiv genutzten Flächen nur im Nebenerwerb bewirtschaftet wurden und werden, blieb das Gebiet von einer Flurbereinigung verschont, die überall sonst zu einer systematischen Ausräumung der Agrarlandschaft führte. Hier gibt es noch kleine, unterschiedlich genutzte Parzellen, begrenzt von Gräben und Weidengebüschen. Großen Einfluss auf das Gebiet hatte die Grundwasserförderung der Hamburger Wasserwerke im zentralen Bereich des Moorgürtels. Dadurch sank der Grundwasserspiegel so weit ab, dass die empfindliche Moorvegetation vertrocknete oder von anderen Pflanzen verdrängt wurde.

Feuchtwiese

Nur an wenigen Stellen erinnern noch Wollgras und Sumpfcalla an die Flora von früher.

Heute finden wir im Moorgürtel eine Vegetation, die im Vergleich zur ursprünglichen Moorlandschaft stark verändert und verarmt ist, jedoch durch die nutzungsbedingte größere Biotopvielfalt insgesamt deutlich mehr Arten aufweist. Auf nassen Wiesen und an Gräben wachsen bedrohte Pflanzen wie Wassergreiskraut und Sumpfhaarstrang, Blutauge und Fieberklee, Sumpfveilchen und Brennender Hahnenfuß. Von der Pflanzenvielfalt profitiert die Kleintierfauna: Aurorafalter, Goldene Acht, Violetter Silberfalter, Spiegelfleck-Dickkopffalter und viele andere selten gewordene Schmetterlinge flattern über den bunten Wiesen, weil sie hier noch die passenden Futterpflanzen für ihre Raupen finden. Die Heuschreckenfauna des Moorgürtels weist mit der Großen Goldschrecke und der Sumpfschrecke zwei ausgesprochene Raritäten auf. Über den Wiesen ertönt das seltsame »Meckern« der Bekassine, eines kleinen Schnepfenvogels. Das eigentümliche Geräusch entsteht durch die Vibrationen der abgespreizten äußersten Schwanzfedern, wenn der Vogel während des Balzfluges in unregelmäßigen Abständen einige Meter schräg abwärts saust. Als Bodenbrüter ist sie durch die intensive landwirtschaftliche Nutzung extrem gefährdet, im Moorgürtel kann man das Meckern der Himmelsziege, wie der Vogel auch genannt wird, noch regelmäßig vernehmen.

Zum Erhalt dieser naturnahen Kulturlandschaft ist es wichtig, die bisherige extensive Nutzung fortzuführen, denn sonst würden aufwachsende Weidenbüsche und Erlen die vorhandene Vegetation und mit ihr die Tierwelt der Feuchtwiesen über kurz oder lang verdrängen. Doch weil eine extensive Landwirtschaft heute kaum mehr rentabel ist, liegen inzwischen viele der Feuchtwiesen brach.

Braunkehlchen

Kiebitz

Auf diesen Flächen entwickelt sich im Sommer ein Blütenzauber aus rotem Blutweiderich, gelb blühendem Gilbweiderich und den weißen Blütenständen des Mädesüß, eines Rosengewächses. Diese hochwüchsigen Stauden verdrängen jedoch allmählich die Wiesenblumen und werden ihrerseits über kurz oder lang von aufkommendem Weidengebüsch oder Moorbirken überwuchert. Wie stets gibt es Gewinner und Verlierer solcher Entwicklungen. Der Blütenreichtum der Brachflächen zieht viele Insekten an, die Nahrungsgrundlage für Singvögel wie Feldschwirl und Sumpfrohrsänger sind, die ihre Nester in der dichten Hochstaudenvegetation anlegen. Der europaweit geschützte Neuntöter hat mit bis zu 44 Revierpaaren im Moorgürtel sein größtes Vorkommen in Hamburg. Klassische Wiesenvögel wie Kie-

Bekassine

bitz und Uferschnepfe dagegen finden auf diesen hochwüchsigen Flächen keinen geeigneten Lebensraum mehr. Erstaunlicherweise ist aber auch das Braunkehlchen, früher eine Charakterart der Feuchtwiesen im Moorgürtel, in den letzten Jahren fast völlig verschwunden, das nah verwandte Schwarzkehlchen hingegen hat stark zugenommen. Die offensichtliche Überlegenheit des Schwarzkehlchens ist vor allem auf das unterschiedliche Zugverhalten der beiden Arten zurückzuführen. Das Braunkehlchen überwintert im tropischen Afrika südlich der Sahara und kehrt erst Anfang bis Mitte Mai zu uns zurück. Das Schwarzkehlchen zieht nur bis in den Mittelmeerraum und kommt ab Ende März im Brutgebiet an, wo es schon frühzeitig die besten Brutreviere besetzen kann, zum Nachteil des Braunkehlchens. Diese Tendenz – Zunahme der Kurzstreckenzieher bei gleichzeitiger Abnahme der Langstreckenzieher – zeigt sich auch bei anderen Vogelarten immer deutlicher und wird von Wissenschaftlern als eine unmittelbare Folge des Klimawandels interpretiert.

Der Moorgürtel mit seinen Feuchtwiesen und -brachen, Moorresten, Birkenbruchwäldern, Weidengebüschen, Staudensäumen und Gräben bietet vor allem einer Vogelart optimale Bedingungen: dem Wachtelkönig. Der seltene Vogel stellt hohe Ansprüche an seinen Lebensraum. Ursprünglich in halboffenen Flussauen, schütteren Verlandungszonen und in seggenreichen Mooren beheimatet, brütet er heute fast ausschließlich in offenem, extensiv genutztem Grünland. Obwohl er als ausgesprochener Zugvogel regelmäßig bis ins tropische Afrika zieht, also eigentlich ein guter Flieger ist, lebt er im Brutgebiet ausschließlich am Boden. Um dem etwa rebhuhngroßen Vogel ausreichend Deckung zu bieten, muss die Vegetation mindestens 25 Zentimeter hoch sein. Stängel und Gräser dürfen aber auch nicht zu dicht stehen, damit er möglichst ungehindert am Boden umherlaufen kann. Beweidetes Grünland und intensiv gedüngte Wiesen fallen daher als Lebensraum aus. Selbst auf den wenigen noch verbliebenen extensiv genutzten Wiesen geraten Wachtelkönige in Bedrängnis. Erst Anfang bis Mitte Mai kehren sie aus Afrika zurück und brüten frühestens ab Juni, zu einer Zeit also, in der das Gras bereits gemäht wird. Eier, Jungvögel und oft genug auch brütende Weibchen, die sich bei Gefahr fest auf das Bodennest drücken, fallen regelmäßig den rotierenden Messern der Kreiselmäher zum Opfer. Das ist der Grund, warum diese Vögel überall in Mitteleuropa sehr rar geworden sind.

Ende der 1990er Jahre wurde der Gesamtbestand des Wachtelkönigs in Deutschland auf nur noch 740 bis 1340 rufende Männchen geschätzt. Charakteristisch für die Art ist, dass der Bestand in Abhängigkeit von Vegetationsentwicklung und Bewirtschaftung von Jahr zu Jahr stark schwanken kann. Langjährige Kartierungen der Brutvögel im Hamburger Teil des Moorgürtels haben jedoch gezeigt, dass das hiesige Vorkommen als relativ stabil bis leicht zunehmend

Wachtelkönig

einzustufen ist. Mit bis zu 27 rufenden Hähnen zählt der Moorgürtel zu den wichtigsten Brutgebieten des Wachtelkönigs in Deutschland. Hier findet er alles, was er zum Überleben braucht.

DER WACHTELKÖNIG

Der Wachtelkönig versteht es meisterhaft, sich unsichtbar zu machen, denn der nachtaktive Vogel hält sich im Brutrevier stets in dichter Vegetation verborgen und fliegt nur selten kurz auf. Sein Ruf dagegen, ein durchdringendes, rhythmisch wiederholtes Knarren, das klingt, als würde man die Zinken eines Kammes über eine Tischkante ziehen, ist in Frühsommernächten gut zu vernehmen. Dieser hölzern schnarrende Gesang gab dem Wachtelkönig auch seinen lautmalerischen wissenschaftlichen Namen »Crex crex«. Die Bezeichnung Wachtelkönig rührt daher, dass sich einzelne Vögel auf ihrem Zug ins afrikanische Winterquartier immer wieder Wachteln anschließen. Unter den viel kleineren Wachteln fällt der ähnlich gefärbte Crex crex durch seine Körpergröße auf. Frühe Beobachter hielten ihn daher für den Anführer, den »König« der Wachteln. Dabei sind die beiden Arten nicht miteinander verwandt: Während Wachteln zu den Hühnervögeln zählen, gehört der Wachtelkönig zur Familie der Rallen, ist also ein enger Verwandter der in Hamburg weit verbreiteten Bläss- und Teichrallen. Der weniger gebräuchliche Name »Wiesenralle« ist weitaus treffender als die Bezeichnung »Wachtelkönig«.

Während der Brutsaison sind die Vögel für Balz, Brut, Kükenaufzucht und Mauser auf unterschiedliche Lebensräume angewiesen. Wenn die Männchen ab Anfang Mai, stets einige Tage vor den Weibchen, bei uns eintreffen, ist das Gras auf den Wiesen im Moorgürtel noch zu niedrig, um ausreichend Deckung zu bieten. Als Rufplätze werden daher Seggenbestände, Schilfflächen oder vorjährige Hochstaudensäume,

Feuchtbrache

gerne in der Nähe einzeln stehender Weidenbüsche, gewählt. Unermüdlich rufen die Männchen in den Nachtstunden, um die in der Nacht ziehenden Weibchen vom Himmel zu locken. Ab Anfang Juni wechseln die Vögel in das nun hohe Gras der Wiesen, um zu brüten und ihre schwarzen Küken zu führen, die erst nach sieben Wochen flügge werden. Wird dort gemäht, sind eng benachbarte Brachen und Staudensäume an Gräben oder auch Wegen überlebensnotwendig. Noch im Alter von vier Wochen können die Jungen nur ungefähr 50 Meter in kürzerer Zeit zurücklegen, für eine Strecke von 300 Metern benötigen sie ein bis zwei Tage. Auf großen Wiesen, die von außen nach innen gemäht werden, haben sie daher kaum eine Chance, Mähbalken oder Kreiselmäher zu entkommen, und falls doch, werden sie auf den dann deckungslosen Flächen ein leichtes Opfer von Möwen, Krähen oder Greifvögeln. Auch die Altvögel brauchen für die Schwingenmauser, während der sie im Juli drei Wochen lang flugunfähig sind, den Schutz von Brachen oder Staudensäumen.

Der Moorgürtel gehört zu den wenigen Gebieten in Deutschland, in denen der Wachtelkönig regelmäßig mit

Erfolg brüten kann. Zudem bilden die einzelnen oft weit voneinander entfernten Teilpopulationen offenbar einen großräumigen Verbund, eine so genannte Metapopulation, die sich vermutlich mindestens über ganz Norddeutschland, möglicherweise bis nach Polen erstreckt. Wo dieser Vogel noch regelmäßig vorkommt, können auch viele andere seltene Arten überleben. Er gilt daher als Indikator für einen intakten Lebensraum.

EUROPÄISCHES NATURERBE IN HAMBURG

Bereits 1979 trat die EU-Vogelschutzrichtlinie in Kraft. Sie verpflichtet die Mitgliedsstaaten zum Schutz der im Gebiet der Europäischen Union lebenden Vogelarten, besonders aber zum Erhalt der einzeln aufgeführten gefährdeten Arten und ihrer Lebensräume. Aus vogelkundlicher Sicht besonders wertvolle Flächen sind als »EU-Vogelschutzgebiete« auszuweisen. 1992 folgte die »Richtlinie zur Erhaltung der natürlichen Lebensräume sowie der wild lebenden Tiere und Pflanzen«, die so genannte Fauna-Flora-Habitat-Richtlinie. Ziel dieser Richtlinie ist es, ein EU-weites Netz von Schutzgebieten für gefährdete Tiere, Pflanzen und Lebensräume zu schaffen und zu erhalten. Dieses Netz, das auch die EU-Vogelschutzgebiete integrieren soll, trägt den Namen »Natura 2000«. Hamburg war das erste Bundesland, das sein Europäisches Naturerbe vollständig nach Brüssel gemeldet und mittlerweile komplett unter Naturschutz gestellt hat. Bis heute sind 15 der 28 Hamburger Naturschutzgebiete ganz oder in Teilen als Europäisches Naturerbe ausgewiesen

Ähnlich wie der Moorgürtel sind auch die Kirchwerder Wiesen in den Vier- und Marschlanden, die mit einer Fläche von 860 Hektar das größte Naturschutzgebiet in Hamburg sind, eine jahrhundertealte naturnahe Kulturlandschaft. Die von zahlreichen Gräben durchzogenen Feuchtwiesen liegen wie

Storch auf der Kuhweide

eine Oase inmitten intensiv genutzter Ackerflächen und Treibhauskulturen.

Die Kirchwerder Wiesen sind der wichtigste Nahrungsraum für Hamburgs letzte Störche. Früher war der Weißstorch in Hamburg weit verbreitet. 1909 wurde sein Bestand auf 200 Paare geschätzt, 1960 waren es nur noch 41 Paare, und in den letzten Jahren schwankt die Zahl zwischen fünf und 15 Horstpaaren. Zu Beginn des 20. Jahrhunderts existierten noch 21 Brutplätze allein in den Geestbereichen nördlich der Elbe, bis 1950 brüteten Störche zum Beispiel noch im Stadtteil Farmsen und bis 1983 in Langenhorn. Längst hat der Rückgang auch den Verbreitungsschwerpunkt in den Elbmarschen erfasst: Ab 1962 begann der Zusammenbruch der Storchenpopulation im Alten Land, dem bis dahin am dichtesten besiedelten Gebiet. Heute brüten Störche fast nur noch in den Dörfern der Vier- und Marschlande. Der Grund für diese negative Entwicklung ist nicht etwa ein Mangel an

Jungstörche

geeigneten Nistplätzen. In Hamburg gibt es genügend Dächer und Schornsteine, auf denen Störche brüten könnten, zudem werden rund 50 Horste oder künstliche Nisthilfen regelmäßig instand gehalten. Der Niedergang der Storchenpopulation hängt unmittelbar mit dem Verschwinden seiner Nahrungsgebiete, des artenreichen Feuchtgrünlandes, zusammen.

Anders als der ebenfalls zu den Schreitvögeln zählende Graureiher hat der Weißstorch, der als typischer Kulturfolger gilt, den Schritt zum Großstadtbewohner nicht geschafft. Störche brauchen, im Gegensatz zu Reihern, die bis zu 30 Kilometer weite Nahrungsflüge unternehmen, unbedingt Nahrungsflächen in der Nähe der Horste, weil sie sich während der Jungenaufzucht nie weit vom Nistplatz entfernen. Dieses Verhalten ist in der hohen Aggressivität der Störche begründet, die zu Beginn der Brutzeit häufig erbitterte Kämpfe um die besten Horste führen. Solange die Jungen noch klein sind, bleibt immer einer der Altvögel zu ihrem Schutz auf dem Nest, und auch der Partner hält sich bei der Nahrungssuche stets in Sichtweite, um bei einer Attacke fremder Störche schnell eingreifen zu können. Reiher dagegen brüten in Kolonien. Zwar stehlen sie gelegentlich Nistmaterial von unbewachten Nachbarhorsten, doch ernsthafte Kämpfe gibt es in einer Reiherkolonie kaum. Warum andererseits in manchen »Storchendörfern« wie Bergenhusen, Linum oder Rühstädt und erst recht in Ost- und Südeuropa viele Storchenpaare kolonieartig auf engem Raum einigermaßen friedlich zusammenleben, ist Vogelexperten ein Rätsel. Am besonders üppigen Nahrungsangebot kann es nicht liegen, denn andernorts kommt es auch unter guten Nahrungsbedingungen zu aggressivem Verhalten unter den Störchen. Vielleicht sind Jungstörche, die in einer Kolonie aufwachsen und später zum Brüten dorthin zurückkehren, grundsätzlich friedlicher gegenüber ihren Artgenossen.

HAMBURGS REKORDSTÖRCHIN

In 27 Lebensjahren zog sie in immer demselben Horst in Ochsenwerder mehr als 60 Junge groß – damit ist die Störchin Lina Hamburgs Rekordhalterin. 1977 schlüpfte Lina in einem Horst in Buxtehude und bekam als Küken einen Ring der Vogelwarte Helgoland mit der Nummer 7328, so dass der Hamburger Storchenbetreuer Jürgen Pelch ihr Schicksal verfolgen konnte. Linas Leben endete tragisch: 2004 kam sie mit zwei weiteren Störchen in einem offenen Güllesilo ums Leben. Zwei Kadaver konnten sofort geborgen werden, Linas Körper mit dem Ring am Bein fand der Bauer erst beim Ablassen der Gülle.

Neben den Wiesen selbst sind vor allem Teile des in den 1920er Jahren zur Be- und Entwässerung angelegten Grabensystems von großem Wert für seltene Tiere und Pflanzen. Die Marschengräben sind, da überwiegend naturverträglich gepflegt, geradezu das ökologische Herzstück der Kirchwerder Wiesen. Aus botanischer Sicht am wertvollsten sind die so genannten Niedermoorgräben. Sie beherbergen eine Fülle von Pflanzenarten, die in der Agrarlandschaft Norddeutschlands längst verschwunden sind. In diesen stark verlandeten Gräben mit saurem, nährstoffarmem Wasser wachsen Relikte der ursprünglichen Niedermoorvegetation wie seltene Seggen- und Binsenarten, zwischen denen Sumpflabkraut, Fieberklee und Zungenhahnenfuß blühen. Zu den Charakterarten der Niedermoorgräben gehört die Röhrige Pferdesaat, ein rares Doldenblütlergewächs. Auch Kammfarn, Schmalblättriges Wollgras, Schild-Ehrenpreis und die in ihrem Bestand gefährdete Sumpfwolfsmilch sind hier noch zu finden. Diese an nährstoffarme Verhältnisse angepasste Vegetation kann nur überleben, wenn die angrenzenden Flächen nicht gedüngt werden, ansonsten würden die kleinwüchsigen Pflanzen sehr schnell von Stickstoff liebenden Allerweltsarten verdrängt.

Eine ganz andere Vegetation weist der Krebsscheren-Graben auf. Er ist Lebensraum für die sehr selten gewordene Krebsschere oder Wasseraloe, eine Schwimmpflanze mit rosettenförmig angeordneten scharfrandigen Blättern, die im Winter an den Grund des Gewässers sinkt. Sie liebt klares, nährstoffarmes Wasser und spielt eine wichtige Rolle für einige seltene Tierarten. Die Grüne Mosaikjungfer, eine große Libellenart, legt ausschließlich an dieser Pflanze ihre Eier ab – seltsam genug, denn die Larven leben wie die aller

Marschgraben

Libellen als räuberische Wassertiere und sind somit auf die Krebsschere selbst gar nicht angewiesen. Dennoch: Verschwindet die Pflanze, zum Beispiel durch den Eintrag von Stickstoffdünger, ist auch das Schicksal der Grünen Mosaikjungfer besiegelt. Eine nahe Verwandte, die Blaugrüne Mosaikjungfer, gehört zu den häufigsten heimischen Libellen und ist regelmäßig auch an größeren Gartenteichen zu sehen. Bei guten Bedingungen bildet die Krebsschere dichte Teppiche, auf der die Trauerseeschwalbe ihre schwimmenden Nester anlegt. In Hamburg kommen die vom Aussterben bedrohten Tiere aus der Verwandtschaft der Möwenvögel nur noch hier, in den Kirchwerder Wiesen, in wenigen Brutpaaren vor.

In den Marschengräben lebt eines der bemerkenswertesten heimischen Säugetiere, die Wasserspitzmaus. Trotz ihres Namens ist dieser kleine Räuber nicht mit den Mäusen verwandt, sondern gehört wie Igel und Maulwurf zu der stammesgeschichtlich sehr alten Ordnung der Insektenfresser, den urtümlichsten Vertretern der Säugetiere. Die Wasserspitzmaus macht ihrem Namen alle Ehre. Als einzige Art der heimischen Spitzmäuse ist sie ein gewandter Schwimmer und Taucher und erbeutet einen Großteil ihrer Nahrung, hauptsächlich Insekten und deren Larven, aber auch Kaulquappen, Frösche und kleine Fische, unter Wasser. Zu ihrer Beute zählt auch die Wasserspinne, die einzige der weltweit rund 30 000 Spinnenarten, die ständig unter Wasser lebt, und zwar in einer selbst gefertigten Taucherglocke aus Luft. Beim Bau einer Luftglocke wird zunächst eine Art Deckengewölbe aus stabilen Spinnfäden gewebt und an Wasserpflanzen befestigt. Danach steigt die Spinne zur Wasseroberfläche empor, holt eine dicke Luftblase herunter, die aufgrund einer besonderen Behaarung an ihrem Körper haften bleibt, streift sie unter dem Gewölbe ab und verankert sie mit Spinnfäden. Das Ganze wiederholt sich bis zu fünfzigmal, bis die nach unten offene Wohnglocke fertig ist. Von hier aus legt die Wasser-

Moorfrosch

spinne feine Fäden aus, die als Alarmanlage funktionieren. Wenn ein Beutetier, etwa eine Eintagsfliegenlarve oder eine Wasserassel, diese Fäden berührt, wird durch die Vibration der Angriff der Spinne ausgelöst, die Beute wird mit einem Giftbiss gelähmt und in der Luftglocke ausgesaugt. Mit einer Körperlänge von bis zu zwei Zentimetern gehört die Wasserspinne zu den größten Spinnenarten in Deutschland. Von ähnlichem Kaliber ist die Gerandete Listspinne. Auch sie baut keine Netze, sondern läuft geschickt über die Wasseroberfläche und fängt im flachen Wasser sogar kleine Fische und Molche. Dazu schlägt sie von oben blitzschnell ihre Giftklauen in ein Beutetier, das durch die Giftwirkung rasch gelähmt wird.

Die auffälligsten Bewohner der Gräben sind die Amphibien. In den Kirchwerder Wiesen gibt es Frösche, Kröten und Molche in Massen. Der Moorfrosch hat hier sein größtes Vorkommen in Hamburg, ja sogar eines der größten in Norddeutschland. Während der nur wenige Tage dauernden Laichzeit, die etwa Mitte März bis Anfang April beginnt, sind die ansonsten unscheinbar bräunlichen Tiere sehr auffällig. Dann färben sich die Männchen leuchtend himmelblau und lassen unablässig ihre leisen, aber markanten Balzrufe hören. Es klingt, als würde Luft aus leeren, unter Wasser getauchten Flaschen blubbern. Nach der Massenhochzeit sind die Gräben voll mit gallertartigen Klumpen, dem im Wasser aufgequollenen Froschlaich, aus dem schon bald die Kaulquappen schlüpfen.

Die Kirchwerder Wiesen sind auch die Heimat des europaweit gefährdeten Kammmolchs. Die meiste Zeit des Jahres leben diese Tiere verborgen an Land und sind dort unauffindbar. Doch genau wie Kröten und Frösche wandern sie

Kammmolch

im Frühjahr zum Laichen ins Wasser. Dann legen die bis zu 18 Zentimeter langen Männchen ein prächtig-bizarres Hochzeitskleid an, die so genannte Wassertracht. Mit seinem stark gezackten Rückenkamm wirkt das Kammmolch-Männchen in dieser Zeit wie ein Minidrache. Anders als die Massenhochzeit der Froschlurche ist die Paarung der Molche ein ausgefeiltes Ritual. Zunächst versucht das Männchen einem Weibchen mit seinem Prachtkleid zu imponieren. Zeigt sie sich interessiert, fächelt er ihr mit seiner Schwanzspitze einen verlockenden Duftstoff zu, der sie veranlasst, ihm zu folgen. Dann setzt das Männchen eine gestielte Spermakapsel am Boden ab, die das Weibchen mit der Kloake aufnimmt. Die im Inneren des Körpers befruchteten Eier werden später einzeln in sorgsam zusammengewickelte Blätter von Wasserpflanzen gelegt. Daraus schlüpfen bereits vierbeinige Molchlarven, die gegen Ende des Sommers, sobald sie ihre büschelartigen Außenkiemen zurückgebildet haben und zur Lungenatmung übergegangen sind, das Wasser verlassen, um fortan wie ihre Eltern ein verborgenes Landleben zu führen.

Die eigentlichen »Stars« der Marschengräben in den Kirchwerder Wiesen sind kleine, unscheinbare Geschöpfe, die so seltsame Namen tragen wie Schlammpeitzker und Steinbeißer. Es sind kleine aalartig gestreckte Fische aus der Familie der Schmerlen, die als nachtaktive Bodenfische am Grunde der größeren Haupt- und Sielgräben leben. Ebenso wie der Kammmolch sind sie in weiten Teilen Europas sehr selten geworden und daher nach EU-Recht besonders geschützt. Ihretwegen wurden die Kirchwerder Wiesen als spezielles Schutzgebiet ausgewiesen. Ursprünglich in Überschwemmungstümpeln und Flutrinnen der Flussauen beheimatet, sind diese Tiere an ein Leben in den Marschengräben hervorragend angepasst. Der bis zu 30 Zentimeter lange Schlammpeitzker kommt dank einer zusätzlichen Darmatmung mit einem sehr niedrigen Sauerstoffgehalt im Wasser zurecht. Normalerweise atmet er wie alle Fische durch Kiemen, doch kann er auch Luft schlucken, die über den Darm

Schlammpeitzker

ins Blut gelangt. Auf diese Weise kann der Schlammpeitzker, tief eingewühlt im Schlamm, für längere Zeit sogar ein fast völliges Austrocknen des Grabens überstehen. Bei plötzlichen Luftdruckschwankungen, etwa vor aufziehenden Gewittern, werden die Tiere auch tagsüber unruhig und schnappen vermehrt an der Oberfläche nach Luft. Dieses Verhalten hat ihnen auch die Bezeichnung »Wetterfisch« eingebracht.

Der Name des nur etwa halb so großen Steinbeißers rührt von seiner Angewohnheit, den Bodengrund auf der Suche nach Würmern und Insektenlarven durchzukauen. Dieser seltene Kleinfisch lebt normalerweise auf sandigem oder feinkiesigem Untergrund. Doch in den Kirchwerder Wiesen und in der Bremer Wesermarsch kommt er ebenso gut wie der Schlammpeitzker mit schlammigem Boden zurecht. Vermutlich handelt es sich um eine speziell angepasste Unterart mit enger geografischer Verbreitung. Da die ortstreuen Fische sich bei Gefahr im Schlamm einwühlen, wurden sie vielfach ein Opfer der maschinellen Grabenräumungen. In den naturschonend gepflegten Gräben der Kirchwerder Wiesen

Bitterlinge und Teichmuschel

konnten sie überleben, wie auch die bis zu 20 Zentimeter großen Teichmuscheln. Die wiederum spielen eine unverzichtbare Rolle für die Vermehrung eines weiteren europaweit gefährdeten Grabenbewohners. Es handelt sich um den Bitterling, einen kleinen Karpfenfisch, der eine einzigartige Methode der Brutfürsorge betreibt. Das Weibchen führt bis zu 40 Eier mittels einer drei bis vier Zentimeter langen so genannten Legeröhre in die Atemöffnung der Muschel ein, der direkt darüber ausgestoßene Samen des Männchens wird mit dem einströmenden Wasser eingestrudelt und befruchtet die Eier in der Kiemenhöhle der Muschel. Dort entwickeln sich auch die Jungfische, die ihre schützende Kinderstube nach vier Wochen wieder verlassen.

Kammmolch und Bitterling, Schlammpeitzker, Steinbeißer und Wachtelkönig – in den Elbmarschen der Hansestadt Hamburg haben sie trotz oder gerade wegen vielfältiger menschlicher Eingriffe bis heute überlebt. Auch wenn diese Arten in ihrem äußeren Erscheinungsbild nicht so spektakulär sind wie etwa Pandabär, Tiger oder Nashorn, so sind sie doch ebenso bedroht und schützenswert.

Fischbeker Heide

Heide- und Weidelandschaft

Schnucken, Löwen und Wölfe am Stadtrand

116,2 Meter weist die topografische Karte für den höchsten Punkt Hamburgs aus, der im äußersten Süden der Stadt liegt. Hier in den Harburger Bergen südlich des Stadtteils Neugraben-Fischbek verläuft die Grenze zwischen Hamburg und dem niedersächsischen Landkreis Harburg, die gleichzeitig die Grenze des 773 Hektar großen Naturschutzgebietes Fischbeker Heide bildet. Auch wenn nur ein Teil davon, vor allem im westlichen Bereich, als typische Heidelandschaft ausgeprägt ist, gilt die Fischbeker Heide nach der Lüneburger Heide als zweitgrößte geschlossene Heidefläche Deutschlands.

Die Charakterpflanze dieser Landschaft ist die Besenheide, ein anspruchsloser, Licht liebender Zwergstrauch mit dünnen verholzten Trieben. Früher wurden diese Triebe zu groben Besen verarbeitet, daher der Name »Besenheide«, botanisch Calluna vulgaris. Als dominante Art überziehen die graugrünen Sträucher die mageren Sandböden und verwandeln im Spätsommer mit ihren winzigen Blüten das ansonsten eher eintönige Landschaftsbild in einen lila leuchtenden Teppich. Schon im Juli und damit rund einen Monat früher blüht in feuchten Senken und an den Rändern der Heidemoore die »echte« Erica, die Glockenheide (Erica tetralix), deren purpurrote Blüten deutlich größer sind als die der Besenheide. Noch früher, ab Ende Mai, leuchten die gelben Schmetterlingsblüten zweier kleinwüchsiger Ginsterarten.

An schattigen Hängen bildet die Krähenbeere mit ihren nadelförmig aufgerollten kleinen Blättern und den schwarzen Beeren an den kriechenden Trieben stellenweise dichte Bestände. Diese Pflanze ist ein so genanntes Glazialrelikt, ein Überbleibsel aus der letzten Eiszeit, als hier eine Tundravegetation mit Flechten, Moosen, Gräsern und Zwergsträuchern wie der Krähenbeere herrschte. Zu dieser Vegetation der Kältesteppen gehört auch die Gemeine Bärentraube, die heute in der Fischbeker Heide noch sehr vereinzelt an offenen Standorten mit vergleichsweise kühlem Kleinklima vorkommt. Dieses Heidekrautgewächs ist eine der größten botanischen Kostbarkeiten im Gebiet. Die mit kleinen dunkelgrünen Blättern besetzten Triebe der Bärentraube kriechen flach über den Boden – eine Anpassung an die hohe Schneelast in ihrem nördlichen Lebensraum. Dass diese Pflanze hier, so weit südlich ihres subarktischen Verbreitungsgebietes, ums Überleben kämpft, erkennt man daran, dass sie so gut wie keine Blüten und demzufolge natürlich auch keine Beeren

Glockenheide

Bärentraube

Krähenbeere

ausbildet. Ihre Vermehrung muss daher rein vegetativ über Ableger erfolgen.

Der Wacholder, der in der Lüneburger Heide in so typischer Weise die Landschaft prägt, wächst in der Fischbeker Heide nicht. Versuche des Hamburger Naturschutzamtes aus den 1980er Jahren, ihn in der Fischbeker Heide künstlich anzusiedeln, scheiterten. Auch in landschaftlicher Hinsicht gibt es deutliche Unterschiede zwischen den beiden norddeutschen Heidegebieten. Während in der Lüneburger Heide weite, allenfalls sanft gewellte Ebenen überwiegen, ist das Bodenrelief der Fischbeker Heide auf kleinem Raum wesentlich abwechslungsreicher. Hier sind streckenweise steile Auf- und Abstiege zu bewältigen, manchmal führen die Wege in regelrechten Serpentinen durch das Gebiet. Von den Kuppen und vom Segelfluggelände auf dem zentralen Hochplateau aus bieten sich fantastische Ausblicke in die mit Heide bestandenen Trockentäler, bei gutem Wetter hat man eine wunderbare Fernsicht über das Elbtal bis nach Blankenese am Nordufer des Stromes.

Dort, wo lichter Kiefernwald sich mit den Heideflächen verzahnt, kann man an warmen Frühsommerabenden ein seltsames, lang anhaltendes Schnurren vernehmen, das entfernt an eine altertümliche Nähmaschine erinnert. Es ist der Balzgesang des Ziegenmelkers, der zu den seltensten Vogelarten in Hamburg zählt und nur hier vorkommt. Im Jahr 2005 wurden fünf Reviere in der Fischbeker Heide festgestellt. Im Dämmerlicht kann man den geisterhaften Balzflug des Ziegenmelkers beobachten, bei dem das Männchen seine ganze Fluggewandtheit zeigt und weiße Signalflecken an Flügeln und Schwanzfedern präsentiert, die dem Weibchen fehlen. Seine langen, spitzen Flügel verleihen ihm eine falkenähnliche Silhouette, der langsam federnde, lautlose Flügelschlag erinnert an eine Eule. Zum Balzflug gehört ein lautes, unregelmäßiges Flügelklatschen, das klingt wie ein Peitschenknall, sein Flugruf ertönt als helles »Guick«. Ähnlich wie die Schwalben tagsüber jagt der Ziegenmelker in der Dämmerung in wendigem Flug Nachtfalter und andere nachtaktive Insekten, weshalb er auch Nachtschwalbe oder, wegen seines falkenähnlichen Flugbildes, Nachtfalke genannt wird.

Verwandtschaftlich gehört der Ziegenmelker weder zu den Schwalben noch zu den Falken oder Eulen, sondern zur systematischen Gruppe der Nachtschwalben, die in Deutschland mit nur dieser Art vertreten ist. In Anpassung an seine Jagdweise hat der knapp 30 Zentimeter große Vogel einen kurzen Schnabel mit auffällig breitem Rachen, mit dem er Beutetiere im Flug wie in einem Trichter fängt. Weil der seltsame Vogel in der Abenddämmerung weidendes Vieh umflattert, glaubten die Hirten und Bauern früher, er würde Milch aus den Eutern von Kühen und Ziegen saugen, und gaben ihm den Namen »Ziegenmelker«. Tatsächlich hat es der Vogel nur

Ziegenmelker

auf die Insekten abgesehen, die von den Weidetieren beim Grasen aufgescheucht werden. Tagsüber sieht man den Ziegenmelker so gut wie nie. Mit seinem rindenfarbig gemusterten Federkleid ist er hervorragend getarnt, wenn er regungslos auf einem Ast sitzt oder versteckt auf dem Boden kauert. Wie die meisten Bodenbrüter baut auch die Nachtschwalbe kein kunstvolles Nest, sondern legt die zwei graubraun gesprenkelten Eier ohne Nistmaterial in eine einfache Bodenmulde.

An heißen Sommertagen, wenn die Luft in der Mittagshitze flimmert, scheint die Heide wie ausgestorben. Nur das einlullende Dudeln der Heidelerche, die ihren Gesang von Bäumen aus vorträgt, und die lang gezogenen »Ziaa-ziaa-ziaa«-Strophen des Baumpiepers klingen vom Waldrand herüber. Ein genauerer Blick auf den Boden aber zeigt, dass es von Leben nur so wimmelt. Immer wieder huschen kleine Eidechsen vom Wegrand blitzschnell ins Heidekraut. Bei starker Sonneneinstrahlung sind sie besonders rege, denn die Kör-

Zauneidechse

pertemperatur und damit die Aktivität dieser wechselwarmen Tiere ist abhängig von der Umgebungstemperatur. Am frühen Morgen, wenn die Echsen noch träge sind und sich auf Steinen oder Holzstücken sonnen, kann man sie genauer beobachten. Am häufigsten ist die unscheinbare, bräunlich gefärbte Waldeidechse, auch Moor- oder Bergeidechse genannt, sehr viel seltener schon die Zauneidechse. Bei dieser Art sind die Flanken des Männchens grasgrün gefärbt. Zauneidechsen kommen in Hamburg nur noch in der Fischbeker Heide in nennenswerter Zahl vor, denn sie brauchen sonnige, ungestörte Plätze, an denen sie ihre Eier im warmen Sand vergraben können. Die Eier werden sozusagen von der Sonne bebrütet, die nach fünf bis neun Wochen schlüpfenden Jungen buddeln sich frei und sind sofort selbstständig.

Bei der Waldeidechse schlüpfen die Jungen bereits im Mutterleib aus dem Ei und werden fertig entwickelt geboren. Dadurch kann diese Echse auch kühlere Lebensräume ohne Sandböden, wie lichte Wälder und Moore, besiedeln. Das trächtige Weibchen sucht sonnige Stellen auf, um die zur Entwicklung des Nachwuchses notwendige Wärme zu tanken. Dasselbe Verhalten zeigen Blindschleiche und Kreuzotter, die beide ebenfalls fertig entwickelte Jungtiere zur Welt bringen. In der Fischbeker Heide kommen Kreuzottern nur selten vor, am ehesten noch in den Heidemooren. Sehr verbreitet ist die Blindschleiche, die keine Schlange, sondern eine beinlose Echse ist. Sie liebt vor allem deckungsreiche Waldränder und sonnt sich gern auf den Wegen. Man muss aufpassen, sie nicht versehentlich zu zertreten, denn anders als die vierfüßigen Eidechsen und die Schlangen bewegen sich die keineswegs blinden Schleichen träge und ungelenk. Allzu flink brauchen sie auch nicht zu sein, denn ihre Lieblingsbeute sind Nacktschnecken und Regenwürmer.

Vor allem aber ist die Fischbeker Heide mit ihren offenen, sonnenexponierten Heideflächen und blütenreichen Sandtrockenrasen ein Dorado für eine Vielzahl Wärme liebender Insekten- und Spinnenarten, darunter einige äußerst seltene, die die ökologische Bedeutung des Gebietes belegen. Hier fliegen Heufalter, Rostbinde und Nierenfleck – Schmetter-

Blindschleiche

Wespenspinne

linge, die aufgrund der Zerstörung und Entwertung ihrer Lebensräume in Hamburg zu den ausgesprochenen Raritäten zählen. 1993 wurde der Resedafalter wiederentdeckt, ein Schmetterling, der seit 1959 im Hamburger Raum nicht mehr registriert wurde. Diese sehr wärmebedürftige Art fliegt als Wanderfalter aus dem Mittelmeerraum ein und kann sich, sofern die Sommer nicht allzu kühl und verregnet sind, an trocken-warmen Orten wie in der Fischbeker Heide erfolgreich vermehren.

DIE HEIDE

Die Geschichte der Heidelandschaft ist eng mit dem wirtschaftenden Menschen verknüpft. Großsteingräber belegen, dass das Gebiet der heutigen Fischbeker Heide seit der Jungsteinzeit von Menschen dauerhaft besiedelt ist. Schon in der Bronzezeit wurden viele Bäume als Brennmaterial zum Betrieb der Bronzeschmelzöfen geschlagen, weit mehr Holz verschlangen die Eisenverhüttungsöfen der nachfolgenden Eisenzeit. Wo der Wald aufgelichtet wurde oder ganz verschwand, breitete sich die Besenheide aus. Im Mittelalter dann nutzten die Bauern die

noch vorhandenen Eichen- und Buchenwälder intensiv zur Waldweide, insbesondere zur Schweinemast. Da die meisten Eicheln und Bucheckern gefressen wurden, unterblieb eine natürliche Verjüngung des Waldes. Gleichzeitig forderte die größer werdende Stadt Hamburg immer mehr Holz für den Bau von Häusern und Handelsschiffen, aber auch Holzkohle zum Heizen. Durch den Raubbau an Holz wuchs die Heidefläche immer weiter.
Noch heute findet man in der Fischbeker Heide und im Stellmoorer Tunneltal im Osten Hamburgs Relikte der mittelalterlichen Holzwirtschaft, den so genannten Bauernniederwald oder Krattwald. Er ist gekennzeichnet durch vielstämmige, teilweise bizarr-krüppelig gewachsene Gehölzbestände, die als Folge periodischer Holznutzung entstanden. Alle zehn bis zwanzig Jahre wurden jüngere, ausschlagfähige Bäume, meist Buchen, geschnitten, und das Astholz wurde als Brennmaterial oder für die Köhlerei verwendet. Viele der neu ausschlagenden Triebe wurden vom Vieh verbissen und wiesen daher einen krüppeligen Wuchs auf. Mit dem Ende dieser Art der Holzwirtschaft konnten die Bäume dann ungehindert aufwachsen.

Auf offenen Sandflächen, an Wegrändern und zwischen lückig stehenden Heidesträuchern leben viele Arten von Wildbienen, Weg- und Grabwespen und andere Hautflügler. Anders als die Honigbienen und Wespen leben sie nicht in Staaten, sondern als Einzelgänger. Nur einige von ihnen, wie die vielen Sandbienenarten, bilden Kolonien. Die Sandbienenweibchen graben im lockeren Boden eine Brutröhre, die bei manchen Arten bis zu einem halben Meter tief sein kann. Am Ende der Röhre werden mehrere kleine Seitenäste mit rundlichen Ausbuchtungen angelegt, die als Brutzellen dienen. In diese trägt die Biene Pollen und Nektar ein, formt sie zu einem Klumpen und legt in jede Zelle ein Ei. Danach werden die einzelnen Zellen und auch die Hauptröhre sorg-

Fangtrichter des Ameisenlöwen

Ameisenlöwe

fältig mit Sand verschlossen. Nach dieser Arbeit stirbt die Biene. Die geschlüpften Larven ernähren sich von dem nährstoffreichen Vorrat aus Pollen und Nektar, verpuppen sich und graben sich im folgenden Frühjahr als fertig entwickelte Insekten aus dem Boden. Eine ganz ähnliche Brutfürsorge betreiben die solitär lebenden Wespenarten, die ihrem Nachwuchs lebende Fleischvorräte mitgeben. Zu den auffälligsten und mit einer Körperlänge von fast zweieinhalb Zentimetern größten zählt die Gemeine Sandwespe. Kennzeichnend sind der sehr schlanke Körperbau und der extrem lang gestielte, schwarzrot gefärbte Hinterleib. Sie bewegt sich hektisch und scheinbar planlos, halb laufend, halb niedrig fliegend, über den sandigen Boden, immer auf der Suche nach einer möglichst fetten Raupe. Hat sie ein Opfer gefunden, injiziert sie ihm mit ihrem Giftstachel ein lähmendes Gift. Die lebende Beute wird anschließend in eine vorbereitete unterirdische Brutkammer geschleppt und mit einem Ei belegt. Anschließend wird die Öffnung mit einem genau passenden Stein verschlossen. Der Fleischvorrat reicht aus, um die Wespenlarve bis zu ihrer Verpuppung zu ernähren. Der Bienenwolf, verwandt mit den Sandwespen, hat sich auf Honigbienen als Larvennahrung spezialisiert. Gegen den Stachel der Biene schützt ihn seine starke, glatte Chitinpanzerung.

An regengeschützten Stellen, etwa unter kleinen Überhängen am Wegrand, kann man im Sand merkwürdige kleine Trichter von mehreren Zentimetern Durchmesser finden, die so regelmäßig und gleichartig geformt sind, dass ihre Entstehung nicht zufällig erfolgt sein kann. Lässt man mit den Fingern einige Sandkörnchen in einen Trichter rieseln, kann es passieren, dass eine kleine Sandfontäne herausgeschleudert wird und zwei kräftige, mit Giftdrüsen bewehrte Kieferzangen am Grunde des Trichters sichtbar werden. Sie gehören einem Ameisenlöwen, der plumpen Larve der grazilen Ameisenjungfer, die dort auf Beute lauert, vor allem Ameisen. Kommt eine Ameise dem Trichterrand zu nahe, gerät sie auf dem losen Boden ins Rutschen, und ihr Strampeln lässt Sand in den Trichter rieseln. Das ist das Signal für den Ameisenlöwen, mit seinem kräftigen Kopf einen Schwall Sand in Richtung der Beute zu schleudern. Diese Methode, mehrfach hintereinander angewandt, verfehlt ihre Wirkung nicht. Die Ameise stürzt ab – direkt in die geöffneten Giftzangen des Ameisenlöwen. Die Beutetiere werden ausgesaugt und die Überreste anschließend aus dem Trichter geschleudert. Insgesamt sind in der trockenen Heidelandschaft rund 2500 Kleintierarten beheimatet, allein 300 davon leben in und von der Besenheide.

Sandwespe (oben)

Ameisenjungfer (unten)

Die bekanntesten Tiere der Heide sind die Heidschnucken – für die meisten Besucher gehören sie unverzichtbar zum Bild der Heidelandschaft. Die Schnucken sind aber nicht nur touristische Attraktion, sondern sie spielen eine wichtige ökologische Rolle: Durch den ständigen Verbiss sorgen die Schnucken für die permanente Verjüngung der Besenheide und halten aufkommende Gehölze kurz, die sonst die Licht liebenden Heidesträucher bald verdrängen würden. Nur die Heidschnucken kommen mit dieser holzigen, kargen Kost zurecht, obwohl auch sie natürlich lieber frisches Grünzeug knabbern. Die Heidschnucken sind eine noch sehr ursprüngliche, anspruchslose und robuste Schafrasse, die vom europäischen Wildschaf, dem Mufflon, abstammt. Die gedrehten Hörner der Schnuckenböcke, die so genannten Schnecken, sind dem Gehörn der Muffelwidder noch sehr ähnlich, wenn auch nicht so stark ausgebildet.

WILDPARK SCHWARZE BERGE

Der Wildpark Schwarze Berge in der Gemeinde Rosengarten-Vahrendorf, der an den östlichen Teil des Naturschutzgebietes Fischbeker Heide angrenzt, beherbergt in einer hügeligen Waldlandschaft nahezu ausschließlich heimische Wildtiere. Teilweise riesige natürlich gestaltete Freigehege bieten auch Großsäugern wie Wolf, Luchs, Elch und Wisent artgerechte Lebensbedingungen. Von mehreren Beobachtungskanzeln aus kann man die Tiere fast wie in freier Wildbahn beobachten. Auch kleinere Tiere sind in typischer Umgebung zu sehen, etwa Hausmäuse in einer altmodischen Küche oder Steinmarder zwischen den Requisiten eines Bauernhofes. Die Landschaft des Wildparks mit ihren Lichtungen, Waldrändern und Teichen bietet natürlich auch Lebensraum für frei lebende Wildtiere, vor allem Vögel. Neben zahlreichen kleineren Singvögeln sind regelmäßig Kolkraben im Wildpark zu sehen, und wilde Uhus interessieren sich gelegentlich sehr für ihre Artge-

nossen in der großen Freiflugvoliere, die als Burgruine gestaltet ist.
Der Wildpark Schwarze Berge beteiligt sich unter anderem an europäischen Erhaltungszuchtprogrammen für bedrohte Tierarten. Zwei hier gezüchtete Wisente wurden in einem russischen Naturreservat bei Moskau freigelassen. Auch für andere Auswilderungsprogramme stellt der Wildpark Tiere aus seinem Bestand zur Verfügung. Vier Luchse wurden im Harz und zwei Wildkatzen im Bayerischen Wald ausgewildert. Da die Tiere im Wildpark Schwarze Berge in einem großen Freigehege in natürlicher Umgebung aufgewachsen sind, bringen sie gute Voraussetzungen mit, sich auch in freier Wildbahn zu behaupten.

Seit 1987 werden in der Fischbeker Heide Heidschnucken als vierbeinige Landschaftspfleger eingesetzt. Birken- und Kiefernsämlinge, die als typische Pionierpflanzen überall zwischen den Heidesträuchern aufwachsen, sollen durch die scharfen Zähne der Schnucken möglichst stark verbissen werden. Dafür sorgen rund 250 Mutterschafe mit ihren schwarz gelockten Lämmern sowie einige Ziegen, die auch größere Gehölze besonders effektiv verbeißen können.

Die Tiere werden das ganze Jahr über Tag für Tag bei Wind und Wetter nach einem vom Hamburger Naturschutzamt erstellten Pflegeplan gehütet. Sie sind ständig in Bewegung, wirken auch beim Fressen geradezu hektisch, fast so, als ob die Nahrungsquelle jeden Moment versiegen könnte. Sie haben einen natürlichen Wandertrieb, den es einerseits auszunutzen, andererseits zu zügeln gilt. Im Sommer würden sie am liebsten nur das frische, saftige Grün der Kräuter und Büsche fressen. Deswegen lässt die Schäferin Ute Pelka ihre Herde in dieser Jahreszeit nur etwa zwei bis drei Stunden in der Heide selbst weiden, wo die Tiere die aufkommenden Baumsämlinge und die jungen Triebe der holzigen Heidesträucher verbeißen. Den Rest des Tages grasen sie an den Waldrändern und im lichten Wald selbst. Dort verbringen sie auch ihre Ruhephase in der Mittagszeit, nicht nur wegen des Schattens, sondern wegen des vielen Kots, der sich an den Ruheplätzen ansammelt. Auf den armen Sandböden der Heide würde dieser Kot zu einer Nährstoffanreicherung führen und damit auf Dauer die Lebensbedingungen für die an nährstoffarme Bodenverhältnisse angepassten Pflanzen verschlechtern. Statt Sandglöckchen, Heidenelke und Hasenklee würden über kurz oder lang konkurrenzstarke Stickstoffzeigerpflanzen wie Brennnesseln wuchern. Die Nächte verbringen die Schnucken in einem Schafstall am Ende des Fischbeker Heidewegs, direkt neben dem ebenfalls im Stil eines heidetypischen Schafstalls errichteten naturkundlichen Informationszentrum.

Im Winter weiden die Schafe hauptsächlich in den Heidebeständen. Nach dem ersten Frost verliert das Heidekraut seinen sonst etwas bitteren Geschmack und schmeckt süßlich,

Heidschnucken

so dass die Schnucken es dann deutlich lieber fressen als im Sommer. In dieser Zeit wird die Heide effektiv verbissen und damit verjüngt. Da die holzigen Triebe nur wenig Nährstoffe enthalten und frisches Grünfutter fehlt, werden die Tiere im Winter mit Heu und Stroh, Hafer und Rapsschrot zugefüttert.

Die Schnucken können jedoch nicht verhindern, dass sich unter den Heidesträuchern immer mehr Rohhumus ansammelt, ein Prozess, der auf Dauer zu erheblichen Veränderungen in der Heidelandschaft führt. Die stetig wachsende Schicht aus abgestorbenen Pflanzenteilen verhindert zum einen, dass Heidesamen auskeimen und so für eine natürliche Verjüngung des Bestandes sorgen können. Zum anderen wird dadurch immer mehr Stickstoff am Boden gebunden, der die Drahtschmiele, eine Grasart, wachsen lässt, die allmählich die Heide verdrängt. Damit nicht im Spätsommer statt der lila Heideblüte ein Meer vergilbter Grashalme das Bild beherrscht, muss der Mensch eingreifen. Früher plaggten die Heidebauern mit speziellen Werkzeugen Soden von Heidekraut mitsamt der Rohhumusschicht aus dem Boden, um sie als Einstreu für die Schafställe zu verwenden. Heute wird das notwendige Abplaggen der Heide von speziellen Maschinen übernommen. Das Gebiet sieht anschließend zwar aus wie eine Mondlandschaft, doch schon nach wenigen Wochen ist der Boden wieder bedeckt mit Keimlingen der Besenheide.

Ohne Beweidung oder andere Pflegemaßnahmen hat die Besenheide normalerweise einen Lebenszyklus von etwa 35 bis 40 Jahren. Nach etwa 15 Jahren erreicht sie ihr Optimum, das fünf bis zehn Jahre andauert. Danach beginnt sie zu altern und stirbt ab. Da durch den ständigen Schnuckenverbiss

Steppe im Tunneltal

die Heidesträucher immer wieder neu austreiben, sich also stets verjüngen und reich blühen, wird der Alterungsprozess um einige Jahrzehnte hinausgezögert.

Auch im Naturschutzgebiet Höltigbaum, ehemals Übungsplatz der Bundeswehr, werden Heidschnucken zur Pflege der Landschaft eingesetzt. Zusammen mit wetterharten, robusten Galloway-Rindern sind sie die Hauptakteure eines ökologischen Experiments zur natürlichen Erhaltung einer halboffenen Weidelandschaft. Das rund 550 Hektar große Höltigbaum-Areal liegt im Osten der Hansestadt, jeweils etwa zur Hälfte im Stadtteil Rahlstedt und im benachbarten Kreis Stormarn in Schleswig-Holstein. Zusammen mit den Naturschutzgebieten Stellmoorer und Ahrensburger Tunneltal bildet es ein rund elf Quadratkilometer großes Naturreservat.

DRUMLINS UND TUNNELTÄLER

Die Landschaft des ehemaligen Truppenübungsplatzes Höltigbaum und des Stellmoorer und Ahrensburger Tunneltals bietet besonders eindrucksvolle Geländestrukturen, die von den wandernden Gletschern der letzten Eiszeit geformt wurden. Das stark hügelige Relief entstand durch Ablagerungen von Sand und Kies, die die Eismassen vor sich hergeschoben und aufgestaucht hatten. Diese Moränen prägen die Topografie der Stormarner Jungmoränenlandschaft, zu der auch der Hamburger Nordosten gehört. Auffallend sind lang gestreckte Hügel, die »Drumlins«. Sie entstanden, als die Gletscher über die in der vorletzten Eiszeit vor etwa 200 000 Jahren abgelagerten Geröllmassen hinweghobelten und sie entsprechend formten. Als das Klima wieder wärmer wurde und die Gletscher abtauten, floss das Schmelzwasser in Tunneln unter dem Eis ab. Unter dem Druck der mächtigen Eismassen schnitt sich das Wasser tief in den Untergrund ein – es entstanden die Tunneltäler. Die vom ablaufenden Schmelzwasser mitgeführten Sande und Kiese stauten sich in den Schmelzwassertunneln und blieben nach dem Abtauen des Eises als wallartige Hügelketten zurück. Diese Wallberge, auch mit dem skandinavischen Begriff »Oser« bezeichnet, sind wie die Tunneltäler in Norddeutschland nur noch sehr selten zu finden, da sie in den meisten Fällen durch nacheiszeitliche Erosions- beziehungsweise Übersandungsprozesse wieder eingeebnet wurden.

Im Nachhinein hat es sich, so paradox es klingen mag, für die Natur als Segen erwiesen, dass das heutige Naturschutzgebiet Höltigbaum zwischen 1958 und 1995 von der Bundeswehr als militärisches Übungsgelände genutzt wurde. Für die Öffentlichkeit war das Gebiet gesperrt, landwirtschaftlich wurde es auch nicht genutzt und blieb so über Jahrzehnte von Düngergaben und Pestizideinsätzen verschont, und auf die dröhnenden Kettenfahrzeuge hatten sich die Tiere schnell eingestellt, zumal seit den achtziger Jahren der Übungsbetrieb nur noch in Teilbereichen stattfand. Lediglich ein Wanderschäfer zog einmal im Jahr mit seiner Schafherde durch die Landschaft mit ihren steppenähnlichen Grasfluren, Hügeln, feuchten Senken, Tümpeln, Knicks und Waldresten. So konnte hier eine artenreiche Flora und Fauna mit zahlreichen Raritäten überleben. Dort, wo Panzer und Geländefahrzeuge bei ihren Fahrmanövern die Vegetationsdecke zerstörten und offene Böden schufen, entstanden Lebensräume für speziell angepasste Tiere und Pflanzen.

Nach 1995, als die Bundeswehr das Gelände aufgegeben hatte und auch der Wanderschäfer mit seiner Herde die Grasfluren nicht mehr beweidete, änderte sich das Landschaftsbild schnell. Birken und Weißdornsträucher eroberten als Erste die offenen Flächen in ungeahntem Tempo. An die Offen landschaft angepasste Arten wie die Feldlerche, die hier ihr größtes Vorkommen im Hamburger Raum hatte, und seltene Blütenpflanzen, Wildbienen, Heuschrecken und Schmetterlinge drohten zu verschwinden. Nachdem das Höltigbaum-Gelände in den Jahren 1997/98 unter Naturschutz gestellt worden war, wurde ein bislang einmaliges Experiment gestartet. Das Bundesumweltministerium finanzierte ein Modellprojekt mit dem Ziel, ein auch aus wirtschaftlicher Sicht tragfähiges Beweidungssystem zu entwickeln, um die strukturreiche Offenlandschaft zu erhalten. Kühe statt Panzer, sozusagen.

Rinder und Schafe können sich auf dem Höltigbaum-Gelände fast wie Wildtiere ungehindert auf riesigen eingezäunten Flächen bewegen. Sie bleiben ganzjährig draußen und werden nur bei extremen Witterungsbedingungen zugefüttert. Für eine solche Haltung eignen sich nur robuste Rassen wie die genügsamen Heidschnucken oder die schwarzen Gal-

Höltigbaum

loway-Rinder, die aus ihrer schottischen Heimat an raue Klimaverhältnisse gewöhnt sind. Entscheidend für die Pflege und Entwicklung des Gebietes ist die Winterbeweidung. Da frisches Grünzeug fehlt, fressen die Rinder dann vor allem die Altgrasbestände, die ansonsten leicht verfilzen und damit kleinwüchsigen Blütenpflanzen den Lebensraum nehmen. Die Schafe gehen im Winter vornehmlich an niedrige Gehölze und verhindern oder verlangsamen so deren Aufwachsen. Damit die Tiere auch außerhalb der Vegetationsperiode genügend zu fressen finden, muss die Besatzdichte entsprechend niedrig sein. Auf der größten Beweidungsfläche, rund 180 Hektar groß, leben 60 Galloways und etwa 100 Schnucken. Beide Vieharten ergänzen sich auch im Sommer gut. Während die Rinder eher die feuchteren Plätze bevorzugen, halten sich die Schafe an den trockenen Stellen auf.

Bulle im Tunneltal

Einige Spazierwege führen über die Weideflächen der Rinder und Schafe. Man braucht jedoch keine Angst vor gefährlichen Begegnungen zu haben, denn die Galloways, auch die Bullen, halten von sich aus Abstand. Man hüte sich allerdings davor, den kleinen Kälbern zu nahe zu kommen, die versteckt und scheinbar verlassen im hohen Gras oder im Gebüsch liegen. Die Mütter haben immer ein wachsames Auge auf sie und verteidigen ihren Nachwuchs mit äußerster Entschlossenheit. Die Angewohnheit, ihre Kälber zu verstecken, ist ein typisches Verhalten wilder Huftiere. Auch sonst zeigen die Rinder viele Verhaltensweisen ihrer Vorfahren. So wechseln sie im Tagesverlauf auf ausgetretenen, viele Kilometer langen Pfaden regelmäßig zwischen bevorzugten Ruheplätzen im Wald zur Tränke oder zu Äsungsflächen. Auch zeigen sie ein sehr ausgeprägtes Sozialverhalten, das von der gegenseitigen Fellpflege bis zu den Rangordnungskämpfen junger Bullen reicht. Die Kälber werden in regelrechten »Kindergärten« beaufsichtigt, oft von jüngeren Kühen ohne eigenen Nachwuchs, damit die Mütter in Ruhe weiden können.

Dadurch, dass die Rinder und Schafe das riesige Gebiet nicht gleichmäßig abweiden, entsteht eine typische halboffene Weidelandschaft aus intensiv begrasten Freiflächen und kaum genutzten Bereichen, in denen Gehölzbestände aufwachsen können. Seit einigen Jahren diskutieren Experten über die Frage, ob ein solcher Landschaftstyp nicht eher der Urlandschaft entspricht als der geschlossene Wald, der bislang vor allem von Vegetationskundlern für den größten Teil Mitteleuropas als ursprüngliche Naturlandschaft betrachtet wird. Für diese Überlegung spricht, dass bis ins frühe Mittelalter eine Reihe großer Pflanzenfresser, die zum Teil schon ausgestorbenen, so genannten Megaherbivoren, bei uns lebten. Neben Hirschen und Rehen zogen Elche, Auerochsen, Wisente und Wildpferde durch die Landschaft. Wildrinder und Wildpferde ernährten sich wie ihre domestizier-

Gallowayrind

Weißdorn

ten Nachfahren heute überwiegend von Gras. Die Licht liebenden Gräser aber gedeihen nicht im Schatten geschlossener Wälder. Wo also haben diese Tiere gelebt? Vertreter der »Megaherbivorentheorie« gehen davon aus, dass sich unter dem Einfluss großer Pflanzenfresser gar kein geschlossener Wald halten konnte, sondern halboffene Weidelandschaften vorherrschten, ähnlich der auf dem Höltigbaum-Gelände.

Charakteristisch für eine solche Landschaft sind fließende Übergänge zwischen verschiedenen Biotoptypen, zwischen Grasland und Gebüsch oder zwischen trockenen und feuchten Standorten. Gerade in diesen Übergangsbereichen leben viele Tierarten, die auf den Wechsel der Biotope angewiesen sind. Ein Beispiel hierfür ist der Neuntöter oder Rotrückenwürger, der mittlerweile zu den Charaktervögeln des Höltigbaum-Gebietes gehört. Er brütet in dichten Weißdorn- und Schlehenhecken und hält von hier aus Ausschau nach großen Insekten, Eidechsen und jungen Mäusen, die er im Grasland fängt. Den seltsamen Namen »Neuntöter« verdankt dieser Singvogel der Angewohnheit, sich in Zeiten des Nahrungsüberflusses ein Vorratsdepot anzulegen, indem er Beutetiere auf Dornen aufspießt. Daher rührt die Legende, dass der Vogel erst neun Tiere tötet, bevor er eines frisst. Sein großer Verwandter, der etwa amselgroße Raubwürger, ist auf dem Höltigbaum bis jetzt nur ein regelmäßiger Wintergast aus Skandinavien.

Auch unter den Insekten gibt es etliche Arten, die auf den kleinräumigen Biotopwechsel angewiesen sind. So legt die bereits erwähnte Sandwespe ihre Brutröhren in offenen Sandböden an, die Schmetterlingsraupen, die sie als Futtervorrat für ihre Larven einträgt, sammelt sie jedoch in Vegetationsbeständen wie Heidekraut oder Gebüsch. Ein anderes Beispiel für einen Biotopkomplexbewohner ist die Späte Gelbrand-Schwebfliege. Ihre Larven entwickeln sich in den unterirdischen Bauten von Wiesenameisen. Dort ernähren sie sich von Wurzelläusen, die die Ameisen wie Haustiere halten, um deren zuckerhaltige Ausscheidungen zu melken. Die erwachsenen Schwebfliegen findet man dagegen an blütenreichen Waldrändern oder in Hochstaudenfluren.

Die Bestände vieler Tier- und Pflanzenarten haben sich im Naturschutzgebiet Höltigbaum durch die Beweidung sehr positiv entwickelt. Andere damit verbundene Pflegeziele konnten dagegen nicht wie gewünscht erreicht werden. So ist es bis jetzt nicht gelungen, überhandnehmende Gehölze allein durch die Beweidung zurückzudrängen. Wenn Bäume und Büsche eine bestimmte Größe erreicht haben, können Rinder und Schafe ihnen nicht mehr viel anhaben. Deshalb helfen Naturschützer mit Axt und Säge nach. Auch sind die Tiere nicht imstande, große vegetationslose Stellen offen zu halten oder neue zu schaffen. So gesehen sind sie kein geeigneter Ersatz für die Panzer, die früher durch das Gelände pflügten.

Neuntöter

Wohldorfer Wald

Per U-Bahn in den Urwald

Baumveteranen und Orchideen im Wohldorfer Wald

Weit mehr als 2000 registrierte Tier- und Pflanzenarten sind hier beheimatet, in diesem Wald der Kontraste, der geprägt ist durch eine stark hügelige, von Bachtälern und vielen Feuchtgebieten durchzogene Endmoränenlandschaft. Der Wohldorfer Wald im Nordosten Hamburgs gilt als einer der schönsten und artenreichsten Wälder in ganz Norddeutschland. Mit einer Fläche von 346 Hektar ist er das größte zusammenhängende Laubwaldgebiet und zugleich das älteste Forstrevier in Hamburg. Eine zumindest in Teilen sich selbst überlassene Wildnis, bequem mit der U-Bahn zu erreichen. Mit der U1 geht es bis zur Endstation Ohlstedt, von dort über die Straße Timms Hege in den Kupferredder, und schon nach kurzem Fußweg steht man unter den ersten Baumriesen. Bekannt ist der Wohldorfer Wald vor allem für seine prächtigen Buchen, von denen manche fast 300 Jahre alt sind.

Gleich zu Beginn des Kupferredders, der das Waldgebiet als Fuß- und Reitweg durchquert, stehen riesige alte Rotbuchen, massige Stämme mit glatter silbergrauer Rinde und gewaltigem Astwerk. Dazwischen mächtige grobborkige Stieleichen und vereinzelt Stechpalmen, besser bekannt unter dem lateinischen Namen »Ilex«, die mit ihren dunkelgrünen harten, bestachelten Blättern und den roten Beeren immer ein wenig wie Exoten wirken.

Im zeitigen Frühjahr breiten sich am Waldboden bunte

Teppiche aus weiß blühenden Buschwindröschen, rosarotem Lerchensporn, dem gelben Scharbockskraut und den leuchtend blauvioletten Waldveilchen aus. Sie gehören zu den so genannten Frühblühern, die bereits Anfang April, an geschützten Stellen auch noch früher, ihre Blüten entfalten. Sie sind Spezialisten für ein Leben im schattigen Buchenwald, das sie wie im Zeitraffer führen: Austrieb, Blüte, Samenbildung, ihr gesamtes Programm müssen sie in der kurzen Zeitspanne von etwa Ende März bis Mitte Mai erledigen. Denn wenn ab Anfang Mai die Bäume das erste Laub ansetzen und damit den Boden beschatten, wird es dort zu dunkel für die zarten Blumen. Es dringt zu wenig Licht für den Prozess der Photosynthese durch, mit dem die Pflanzen ihre Energie zum Wachsen und Blühen gewinnen. Ermöglicht wird das Wachstum im Eiltempo durch einen Stärkevorrat, der bereits im Frühjahr zuvor in unterirdischen Speicherorganen eingelagert wurde. Dadurch können diese Spezialisten in kürzester Zeit Blätter, Blüten und Früchte bilden und genügend Reserven für das kommende Frühjahr produzieren. Schon im Mai, wenn der Stoffwechsel der Buchen allmählich erst in Gang kommt, verwelken die dann nutzlos gewordenen Blätter der meisten Frühblüher, sie »ziehen ein«, wie die Botaniker sagen. Den Rest des Jahres überdauern sie in der Erde.

An den trockeneren Hängen und auf den Kuppen der bis über 30 Meter hohen Hügel dominieren Rotbuchenbestände, die im südlichen Teil des Waldes stellenweise durchsetzt sind mit Eichen. Dagegen haben sich im Überschwemmungsbereich der Ammersbek, eines Alsternebenflusses, der sich in engen Schleifen durch den nördlichen Teil des Wohldorfer Waldes windet, Auenstandorte entwickelt, die zu den wertvollsten in Norddeutschland zählen. Auf den immer feuchten und mit Nährstoffen gut versorgten Böden wachsen artenreiche Edellaubholzbestände aus Esche, Berg- und Spitzahorn, Winterlinde, Ulmen und Eichen. Die Ufer kleinerer Fließgewässer wie der Drosselbek säumen Erlen, Weiden und Pappeln, die allesamt »nasse Füße« vertragen. Auf Standorten mit ständig hohem Grundwasserniveau bildet die Schwarzerle sumpfige Bruchwälder. In einigen Bereichen finden sich auch aufgeforstete Nadelwaldbestände, insbesondere Fichten und Japanische Lärchen, die schrittweise zu standortgerechten Laubmischwäldern zurückentwickelt werden. Quellbereiche, dunkle Waldtümpel, Lichtungen und feuchte Wiesen tragen zu der landschaftlichen Vielfalt des Wohldorfer Waldes bei.

So unterschiedlich die Lebensräume, so artenreich ist die krautige Flora. An Quellaustritten und in feuchten Senken blühen im Frühjahr Milzkraut und Hohe Schlüsselblume, und Anfang Mai erscheinen im Buchenwald die weißen Blüten des Waldmeisters, der an seinem typisch vierkantigen Stängel vom ganz ähnlichen, aber rundstängeligen Wald-

Morscher Stamm mit Baumpilzen

Buschwindröschen

labkraut gut zu unterscheiden ist. Anhand der Vegetation lassen sich Rückschlüsse auf die Bodenverhältnisse ziehen, die im Wohldorfer Wald kleinräumig stark wechseln können. Das unscheinbare schattentolerante Hexenkraut und die Ährige Teufelskralle, deren enge Verwandtschaft mit den Glockenblumen nur das geschulte Auge erkennt, sind Anzeiger für nährstoff- und basenreiche, leicht feuchte Lehmböden. Hier wächst auch der Sanikel, ein rarer Doldenblütler, der in Hamburg nur noch hier vorkommt. Auf trockenen, sauren Böden bleibt die Krautvegetation dagegen spärlich und schütter. Zu deren Charakterarten zählen unter anderem die mit dem Maiglöckchen verwandte Schattenblume sowie der Europäische Siebenstern, leicht zu erkennen an seiner einzigen Blüte mit sieben leuchtend weißen Blütenblättern.

Eine besondere Methode der Samenverbreitung haben

die Springkräuter, die überall im Wald wachsen. Ihre Samenkapseln, die an kleine Bohnen erinnern, sind in reifem Zustand ganz prall und stehen so unter Spannung, dass sie bei der leichtesten Berührung förmlich explodieren und die Samen meterweit wegschleudern. Daher der botanische Name »Impatiens noli-tangere« für das Große Springkraut, auch »Rühr-mich-nicht-an« genannt. Das Kleinblütige Springkraut verwilderte um etwa 1837 aus Botanischen Gärten und ist heute überall bei uns eingebürgert. Im Wohldorfer Wald verbreitet es sich vor allem entlang der Wege.

Bekannt ist der Wald auch für seinen für norddeutsche Verhältnisse ungewöhnlich guten Orchideenbestand. Gut ein halbes Dutzend Arten sind hier zu Hause. Auf ungedüngten feuchten Wiesen blühen im Mai und Juni die purpurroten Blütenstände des Breitblättrigen und des Gefleckten Knabenkrauts. Weniger auffällig sind die Waldorchideen wie die Stendelwurz, das Große Zweiblatt und die Grünliche Waldhyazinthe. Die häufigste Orchideenart in Laubwäldern der Jungmoränenlandschaft ist die Breitblättrige Stendelwurz. Wie bei fast allen Orchideenarten sind ihre Samen so winzig, dass sie nur den Embryo, aber keinerlei Nährgewebe enthalten. Die Pflanzen sind deswegen auf ganz bestimmte so genannte Mykorrhiza-Pilze angewiesen, die in die Samen hineinwachsen und die Versorgung der Embryonen übernehmen. Der wachsende Keimling nimmt Teile des Pilzkörpers oder dessen Ausscheidungen auf, bis er mit der Entwicklung der ersten Blätter selbst zur Energiegewinnung durch Photosynthese in der Lage ist. Diese enge Abhängigkeit von spezifischen Mykorrhiza-Pilzen, die ihrerseits Ansprüche an das komplexe Bodengefüge stellen, macht Orchideen sehr empfindlich gegenüber Veränderungen ihres Standortes.

Waldhyazinthe

Obwohl keineswegs ein vom Menschen unbeeinflusster Urwald, bietet der Wohldorfer Wald an vielen Stellen ein urwüchsiges, für so manchen Besucher vielleicht auch chaotisches Bild: umgestürzte Baumriesen, abgebrochene starke Äste, modernde Stämme, von imposanten Baumpilzen besiedelte Hochstubben, Bäume mit stark vermorschten oder auch toten Stammteilen und die Ruinen komplett abgestorbener Bäume zwischen vitalen Baumveteranen – ein Durcheinander, das weit entfernt ist von den aufgeräumten Wirtschaftsforsten, aber dennoch kein Indiz etwa für das berüchtigte Waldsterben, im Gegenteil: Totes und morsches Holz, das Schätzungen zufolge in europäischen Naturwäldern etwa ein Drittel der gesamten Holzmasse ausmacht, ist ein wesentlicher Bestandteil jedes intakten Waldökosystems. Totholz ist voller Leben und für den Nährstoffkreislauf und die Regeneration des Waldes unerlässlich.

Betrachtet man einen der vielen gefallenen Baumstämme genauer, erscheint er als ein Mikrokosmos für sich. Auf dem langsam verrottenden Stamm wachsen kleine Pilze verschiedenster Art. Sichtbar sind nur ihre Fruchtkörper, also das, was bei essbaren Arten als Pilz verzehrt wird. Der gesamte Organismus aber ist sehr viel größer. Sein feines Geflecht durchzieht den Holzkörper und zersetzt ihn allmählich. Diese Pilze sind wahre Recyclingspezialisten, die sogar noch das widerstandsfähige Lignin, den chemischen Hauptbestandteil des Holzes, knacken können. Unter der Rinde leben Asseln, Hundertfüßer, kleine Schnecken, Spinnen, Milben, Springschwänze und andere Kleintiere, Abfallverwerter ebenso wie räuberische Organismen. An einigen Stellen ist das Moderholz mit einer glibberig-gelblichen oder weißen Masse überzogen, dessen Identität sich erst unter dem Mikroskop offenbart. Es ist ein Schleimpilz, eine entwicklungsgeschichtlich uralte Lebensform an der Grenze zwischen Tier und Pilz. Er besteht aus selbstständigen Einzelzellen, die sich zu einem Superorganismus zusammenschließen. In geordneter Formation kriechen diese Zellen nach Art von Amöben vorwärts und saugen dabei alles auf, was ihnen an Nahrhaftem in den Weg kommt: Bakterien, Einzeller, kleine Pilze oder faulende Stoffe. Wenn die Zeit der Vermehrung gekommen ist, gibt eine Zelle, die Initialzelle, ein chemisches Signal, worauf alle anderen Amöben zu ihr strömen, übereinanderkriechen und auf diese Weise winzige Fruchtkörper bilden. Je nach Art sind sie leuchtend gelb, rötlich oder bräunlich gefärbt. In ihnen entwickeln sich die für Pilze typischen Sporen, aus denen so genannte Schwärmer auskeimen, die sehr an Geißeltierchen erinnern und später wieder zu Amöben werden. Bei anderen Schleimpilzarten verschmelzen diese Amöben zu vielkernigen Plasmamassen, die – für unser Auge kaum sichtbar – unablässig über den Waldboden fließen.

Baumpilze

Neben Pilzen gedeihen auf dem toten Stamm viele Arten von Moosen, etwa das sattgrüne, fein verästelte Zypressen-Schlafmoos und das ähnlich aussehende Kegelmoos. Sie

Schuppenwurz

überwachsen das modernde Holz in dichten, flächigen Lagen, ohne direkt am Zersetzungsprozess beteiligt zu sein. Auch kleine Farne haben sich angesiedelt, archaische Pflanzen, deren Vorgänger schon zu Zeiten der Dinosaurier lebten. Eine Besonderheit in der Lebensgemeinschaft des Moderholzes ist die Vogelnestwurz, eine Orchideenart, die kein Blattgrün produziert und sich als Parasit von Holz zersetzenden Pilzen ernähren lässt. Ihren Namen trägt sie wegen der Form ihres Wurzelstockes, der an ein Vogelnest erinnert. Die bis zu einem halben Meter hohe Pflanze ist einfarbig hellbraun, auch ihre kleinen Blüten, die stark nach Honig duften. Sie blüht nur wenige Male und stirbt dann ab. Zuvor wachsen aus abgeschnürten Wurzelspitzen neue Pflanzen heran – ein in der Pflanzenwelt ungewöhnlicher Vorgang. In feuchteren Bereichen des Wohldorfer Waldes blüht im Frühjahr die Schuppenwurz, die durch ihre blassviolette oder rötliche Färbung und die einseitswendige Blütentraube auffällt. Auch dieses Braunwurzgewächs bildet kein Blattgrün und schmarotzt an den Wurzeln von Erlen, Haseln, Buchen oder Pappeln.

Neben Pflanzen finden natürlich auch zahllose auf Totholz spezialisierte Tiere im Wohldorfer Wald beste Lebensbedingungen. Allein mehr als 1300 heimische Käferarten sind auf den Lebensraum Totholz angewiesen – vom winzigen Moderschimmelkäfer bis zum imposanten Nashornkäfer, bei dem nur das Männchen das gebogene Chitinhorn trägt. Die Engerlinge des Nashornkäfers entwickeln sich bis zu fünf Jahre lang im Holzmulm morscher Baumstubben. Ähnliche Ansprüche stellt die Larve des metallisch grün glänzenden Rosenkäfers. Entscheidend für die Zusammensetzung dieser Fauna ist nicht nur das Zerfallsstadium, sondern auch die Baumart. Darüber hinaus beherbergt ein morscher Ast am Stamm andere Arten als ein am Boden liegender Baum oder ein noch stehender Stammabschnitt.

Vogelnestwurz

Fraßgänge unter der Rinde und kreisrunde Löcher im Holz zeigen, dass es auch im Inneren besiedelt ist, zum Beispiel von den Larven der Holzwespen und der Bockkäfer. Zu dieser großen Käferfamilie gehören Schmal- und Widderböcke, der Moschusbock und der auffällig schwarz-gelb gezeichnete Wespenbock, die allesamt im Wohldorfer Wald vorkommen und an ihren mehr als körperlangen zurückgebogenen Fühlern zu erkennen sind.

Da in den meisten Wirtschaftsforsten morsches und totes Holz meist unverzüglich entfernt wird und Bäume weit vor ihrer natürlichen Altersgrenze geerntet werden, sind sehr viele Totholzbewohner mittlerweile in ihrem Bestand bedroht. Denn für sie wird ein Baum erst dann interessant, wenn er seine besten Jahre hinter sich hat. Umso bedauerlicher ist es, dass dort wie auch im Wohldorfer Wald in letzter

Zeit viele morsche Bäume gefällt wurden. Ein Verlust, der erst in Jahrzehnten oder Jahrhunderten ersetzt werden kann. In einem artenreichen gesunden Wald sorgt die Natur stets für ein fein austariertes Gleichgewicht zwischen potenziellen Forstschädlingen wie den gefürchteten Borkenkäfern, die vor allem in Nadelholzmonokulturen große Probleme verursachen können, und ihren natürlichen Gegenspielern. Längst hat man in Hamburg erkannt, dass das beste Mittel gegen solche »Kalamitäten«, wie die Förster einen starken Schädlingsbefall nennen, ein naturnaher Mischwald ist. Das Ziel der Hamburger Forstverwaltung, die »Begründung, Pflege und Erhaltung standort- und funktionsgerechter, in sich gesunder, möglichst naturnaher Waldgesellschaften« ist im Wohldorfer Wald weitgehend erreicht.

Ein krähengroßer schwarzer Vogel mit feuerrotem Scheitel hockt an einer alten Buche und lässt sein klangvolles »Kliööh« durch den Wald schallen. Es ist ein Schwarzspecht. Mit wuchtigen Schlägen hämmert er an einer morschen Stelle herum, dass die Späne nur so fliegen. Eine Gehirnerschütterung bekommt er trotzdem nicht, denn der Schnabel ist mit dem Schädel federnd verbunden und das Gehirn zusätzlich mit einer extra dicken Bindegewebshülle geschützt, die wie ein Stoßdämpfer wirkt. Bei der Nahrungssuche klopft der Specht den Baumstamm systematisch ab und achtet genau auf den Klang. An einer morschen Stelle, dort, wo sich eine Käferlarve durch das Holz gefressen hat, klingt das Klopfen hohl, anders als auf gesundem Holz. Der Vogel kann sogar das feine Kratzen orten, das eine fette, durch das Geklopfe aufgeschreckte Käferlarve mit ihren Kriechbewegungen erzeugt. Auch wenn der Specht sie mit gezielten Hackschlägen nicht sofort freilegt, hat die Larve keine Chance. Er angelt sie mit seiner Zunge, die er sehr weit vorstrecken kann – der Grünspecht schafft bis zu zehn Zentimeter. Schlangengleich folgt die Zunge den Fraßgängen, um die ertastete Beute mit Widerhaken an ihrer Spitze regelrecht zu harpunieren und herauszuziehen.

Schwarzspecht

Mit seinen vielen morschen Ästen und abgestorbenen Baumstämmen ist der Wohldorfer Wald ein idealer Lebensraum für Spechte. Schwarz-, Grün-, Bunt-, Mittel- und Kleinspecht – mit Ausnahme des Wendehalses sind alle in Norddeutschland heimischen Spechtarten hier zu Hause. Sie finden nicht nur genügend Nahrung, sondern auch genügend passende Stellen zum Bau ihrer Bruthöhlen. Die zimmern sie oftmals direkt unter den gelb- oder graubraunen halbrunden Fruchtkörpern des Zunderschwamms, die zu mehreren an bestimmten Baumstämmen kleben. Diese bizarren Gebilde sind – eine Besonderheit bei Pilzen – mehrjährig und wachsen jedes Jahr ein Stück. Dabei bilden sie Jahresringe wie ein Baum. Im Unterschied zu den Fruchtkörpern anderer Pilze sind sie hart wie Holz und kaum zu schneiden. Fein zerrieben eignen sie sich gut zum Feuermachen, daher der Ausdruck »Das brennt wie Zunder«. Spechte wissen aus Erfahrung, dass der Zun-

Zunderschwamm

derschwamm nur morsche Stellen besiedelt. Stellen also, die bestens geeignet sind für den eigenen Bedarf. Der tellerförmige Fruchtkörper des Zunderschwamms bildet für die Spechthöhle ein natürliches Regendach.

SPECHTE

2004 wurden im Wohldorfer Wald auf einer Fläche von 135 Hektar 43 Reviere vom **Großen Buntspecht** gezählt. Seltener kommt der Mittlere Buntspecht oder **Mittelspecht** vor. Seine seltsam quäkenden Rufreihen sind nur dort zu hören, wo alte Eichen stehen. In deren rissiger Borke stochert er nach Insekten, Larven und Spinnen, selten hackt er seine Beute aus dem Baum. Er ist kein »Hackspecht« wie der Große Buntspecht, sondern ein »Stocherspecht«. So machen sich beide Arten bei der Nahrungssuche keine Konkurrenz. Gut spatzengroß ist der **Kleinspecht**, der seine Höhlen nur in weiches Holz wie das von Weiden und Pappeln zimmern kann. Der **Schwarzspecht** ist auf alte Buchenbestände angewiesen. Er ist nach dem nordamerikanischen Elfenbeinspecht der zweitgrößte Specht der Welt. Der **Grünspecht** ist ein »Erdspecht«, der seine Nahrung – vorwiegend Ameisen – am liebsten am Boden sucht. Er trommelt selten, dafür schallt sein »lachender« Ruf unüberhörbar durch den Wald.

Das Trommeln der Spechte ist ein so genannter Instrumentallaut und dient wie der Gesang der Singvögel dazu, ein Weibchen anzulocken und das Revier zu verteidigen. Erfahrene Vogelbeobachter können die verschiedenen Spechtarten an der Lautstärke und Frequenz des Trommelns unterscheiden, das beim Großen Buntspecht, der häufigsten Spechtart in Hamburg, bis zu 800 Meter weit zu hören ist. Ein einzelner »Trommelwirbel« wird durch durchschnittlich 10 bis 16 Einzelschläge mit dem Schnabel auf geeigneten Resonanzkörpern erzeugt. In der Regel sind dies dürre, morsche Äste oder Stammabschnitte im Wipfelbereich. Wo Buntspechte im Siedlungsbereich leben, benutzen sie als Resonanzkörper alles, was Krach macht: metallene Fahnenmasten, Wetterhähne, mit Blech beschlagene Dachecken, keramische Leitungsisolatoren oder Fernsehantennen.

Ein anderer Instrumentallaut ist das Klopfen, mit dem sich die Spechte eine Nisthöhle anzeigen. Männchen und Weibchen meißeln zunächst jeder für sich eine Höhle und bieten sie dem Partner beziehungsweise der Partnerin an. Hat sich das Paar schließlich entschieden, wird die Höhle hauptsächlich vom Männchen endgültig fertig gehämmert. Der Spechthochzeit stünde nun eigentlich nichts mehr im Wege, wäre da nicht das starke Territorialverhalten der Vögel. Erwachsene Spechte gehen sich normalerweise aus dem Weg, selbst im gemeinsamen Revier nutzen Männchen und Weibchen häufig unterschiedliche Bereiche. Die Balz der Spechte ähnelt zumindest anfänglich eher einer kriegerischen Handlung als einem Liebeswerben. Vogelkundler bezeichnen sie daher auch als »Drohbalz«. Auch ältere Jungvögel verhalten sich untereinander und selbst gegenüber den fütternden Eltern sehr aggressiv.

Mittelspecht

Hohltaube

Spechte spielen im Ökosystem des Wohldorfer Waldes eine Schlüsselrolle. Sie legen in ihrem Revier immer mehrere Höhlen an, von denen eine für die Brut ausgesucht wird. Die übrigen Baumhöhlen werden von Meisen, Kleibern, Fliegenschnäppern und Staren oder auch von Fledermäusen und Hornissen genutzt. Sie alle sind auf die Vorarbeit der Spechte angewiesen. Die geräumigen Schwarzspechthöhlen werden auch von Baummardern, Waschbären, Hohltauben und Waldkäuzen besetzt.

Die nachtaktiven Käuze sieht man tagsüber kaum einmal. Nur der »Vorzeigekauz« im Kapellenturm auf dem Wohldorfer Waldfriedhof lässt sich regelmäßig bewundern. Er scheint die vielen Besucher, die »extra« einen Abstecher zu ihm machen, gleichmütig hinzunehmen und riskiert meistens nur ein halbes Auge. Leichter zu entdecken ist die Hohltaube, die mit ihren grünlich glänzenden Halsseiten und den zwei undeutlichen schwarzen Flügelbinden einer Stadttaube ähnelt. Der Name dieser scheuen und in Norddeutschland recht seltenen Waldtaube leitet sich von »Höhlentaube« ab, denn als einzige unserer fünf heimischen Taubenarten brütet sie in Baumhöhlen. Zur Balzzeit im Frühling kann man ihr dumpfes »Huhwup – huhwup« im Wohldorfer Wald noch häufig hören und sie manchmal in den Baumwipfeln sehen. Ein weiterer typischer Bewohner des Buchenwaldes ist der Waldlaubsänger, ein kleiner Singvogel, dessen schwirrende Strophe »sib-sib-sib-sib-sirrrrrrr« ihm auch den Namen »Waldschwirrvogel« einbrachte. Man kann ihn oft dabei beobachten, wie er zwischen zwei Stämmen unentwegt hin- und herfliegt.

Waldkauz

Nur äußerst selten bekommt man dagegen eine gefiederte Rarität zu sehen, den Zwergschnäpper. Dieser kleine Singvogel aus der Verwandtschaft der Fliegenschnäpper ist in Osteuropa und Sibirien beheimatet und erreicht im Wohldorfer Wald seine westliche Verbreitungsgrenze. In Hamburg ist er nur hier in ein oder zwei Paaren anzutreffen. Mit seiner orangeroten Kehle – leuchtender als beim Rotkehlchen – ist das Männchen zwar auffällig gefärbt, in den hohen Baumkronen, in denen sich der Vogel normalerweise aufhält, trotzdem nur sehr schwer zu finden. Als ich den wehmütig-melodischen Gesang des kleinen Vogels wieder einmal hörte, versuchte ich angestrengt, ihn in den Wipfeln zu entdecken. Kaum 15 Meter entfernt hüpfte ein Rotkehlchen – so glaubte ich zumindest – geschäftig auf einem Baumstumpf umher. Ich beachtete es nicht weiter und konzentrierte meinen Blick auf jede noch so geringe Bewegung in den Bäumen. Aus den Augenwinkeln sah ich, dass das angebliche Rotkehlchen in kurzem Jagdflug Insekten fing, ganz nach Art der Fliegenschnäpper. Ich kam nicht mehr dazu, das Fernglas auf den Vogel zu richten, denn im selben Moment flog der Zwergschnäpper dort-

Zwergschnäpper

hin, wo ich ihn vergebens gesucht hatte, und verschwand im dichten Laub einer Buche. Ein flüchtiger Blick auf Hamburgs wohl seltensten Vogel war mir vergönnt, seither habe ich ihn nie mehr gesehen.

Ein anderes Mal konnte ich die Verfolgungsjagd eines Baummarders beobachten, der ein Eichhörnchen in rasendem Tempo durch die Bäume hetzte. Das Eichhörnchen schraubte sich in wilden Spiralen den Stamm hinauf, sein Verfolger immer dicht hinter ihm. Die kräftigen Baummarder sind ebenso gute Kletterer wie die zierlich leichten Eichhörnchen. In einer solchen Situation besteht die einzige Chance des Hörnchens darin, sich auf die dünnen Zweige im Wipfelbereich zu retten, denn dorthin kann ihm der viel schwerere Marder nicht folgen. Doch der erfahrene Jäger schnitt dem Eichhörnchen mit einem großen Satz den Weg ab, so dass es einen frei stehenden Seitenast entlangrennen musste. Der war aber irgendwann zu Ende, das Hörnchen saß in der Falle. In dem Moment, als der Marder es fast erreicht hatte, sprang das Eichhörnchen in höchster Not aus etwa acht Meter Höhe ins Nichts, den buschigen Schwanz wie einen Fallschirm ausgebreitet. Im Fallen bekam es irgendwie mit einem Fuß einen kleinen Zweig des Nachbarbaumes zu fassen, drehte einen Salto und konnte sich tatsächlich festkrallen. Im Nu war es in den äußersten Wipfel gesaust und schimpfte aus sicherer Höhe auf den Marder herab, der die Jagd aufgegeben hatte.

An lauen Frühjahrs- und Frühsommerabenden kann man in den feuchten Teilen des Wohldorfer Waldes und, häufiger noch, im benachbarten Duvenstedter Brook den so genannten Schnepfenstrich erleben, den Balzflug der Waldschnepfen. Wenn die Schnepfenhähne in weiten Bögen langsam an

Waldwegen, Waldrändern und Lichtungen entlangfliegen, lassen sie charakteristische Laute hören, ein scharfes »Psiewitt« und ein tiefes, froschartiges »Quorr«. In der Dämmerung, wenn die Vögel nur schemenhaft zu erkennen sind, erinnert ihr Flugbild durch die breiten, runden Flügel an eine Eule. Tagsüber sind die am Boden brütenden Schnepfen durch ihr rindenartig gemustertes Gefieder für Feinde wie auch für Vogelbeobachter praktisch unsichtbar. Mit ihrem langen Schnabel stochern sie im feuchten Boden nach Würmern und Insektenlarven und können dabei dank ihrer einzigartigen Rundumsicht auch einen von hinten anschleichenden Feind rechtzeitig entdecken. Die Sehfelder ihrer seitlich am Kopf sitzenden Augen überschneiden sich nicht nur nach vorne, sondern auch nach hinten. Daher kann der Vogel bei der Nahrungssuche, auch wenn der Schnabel bis zum Anschlag im Boden steckt, genau und dreidimensional erkennen, was hinter seinem Rücken vor sich geht.

Der Wohldorfer Wald gehört zu den letzten Überbleibseln eines einst riesigen Waldgebietes, das sich zu Beginn des Mittelalters von der Alster bis hinauf nach Kiel erstreckte. Mitte des 15. Jahrhunderts kam das Gebiet des damals noch weiter nach Süden ausgedehnten Waldes zusammen mit den Walddörfern Wohldorf und Ohlstedt in den Besitz der Hansestadt Hamburg, deren vornehmliches Interesse darin bestand, ihren großen Holzbedarf aus dem Wald zu decken. Da die nachhaltige Waldnutzung noch nicht erfunden war, erfolgte der Holzeinschlag mehr oder weniger planlos. Bereits 1698 beklagte die so genannte Walddeputation Ohlstedt eine schwere Schädigung des, wie er damals noch hieß, Ohlstedter Waldes. Erst gegen Ende des 18. Jahrhunderts setzte sich langsam eine geregelte Forstwirtschaft durch, ab 1777 wurden geschützte Waldbereiche eingerichtet. Der willkürliche Holzeinschlag endete 20 Jahre später, als mit Johann Ludwig Brinckmann erstmals ein ausgebildeter Forstmann zum Hamburger Waldvogt ernannt wurde, der über Jahrzehnte planmäßig neue Bäume pflanzen ließ. Aus diesen Pflanzungen sind viele der heutigen Baumveteranen hervorgegangen.

Ungefähr zur selben Zeit hatte man auch den Wert des Waldes als Erholungsgebiet erkannt: Bereits um 1770 waren erste Spazierwege und Promenaden angelegt worden, und in einem Reiseführer von 1836 wird der Wohldorfer Wald als romantisches und sehr beliebtes Ausflugsziel beschrieben. Auch das trug sicherlich zu seinem Schutz bei. Heute sind 135 Hektar, knapp 40 Prozent der Gesamtfläche, als Naturschutzgebiet ausgewiesen, in dem überhaupt keine forstliche Nutzung mehr stattfindet. Hier dürfen Bäume in Würde alt werden und über Jahrzehnte eines natürlichen Todes sterben.

Wohldorfer Wald

Rothirsch

Auf Beobachtungstour

Hirsche und Kraniche im Duvenstedter Brook

Jedes Jahr im September wird das Naturschutzgebiet Duvenstedter Brook im äußersten Nordosten Hamburgs zur Volksattraktion. In den Abendstunden, wenn es sonst eher still ist, strömen Menschenmassen zu Fuß oder mit dem Rad über den Duvenstedter Triftweg, einen der Hauptwege durch das Gebiet, um eines der spektakulärsten Naturschauspiele mitzuerleben, das die Hansestadt zu bieten hat – die Brunft der Rothirsche.

Vom Naturschutz-Informationszentrum am südwestlichen Rand des Gebietes aus geht es vorbei an Wiesen und Feldern, knorrigen alten Eichen, Moorbirkenbeständen und feuchten Erlenbruchwäldern. Nach gut einem Kilometer endet der Asphaltbelag und geht in einen Sandweg über. Hier beginnt das eigentliche Reich der Rothirsche. Entlang des Weges sind eine Reihe Beobachtungsstände zu ebener Erde aufgebaut, von denen aus sich das Wild in der Dämmerung gut beobachten lässt – oder auch nicht. Der Brook ist kein übersichtliches Wildgehege, deswegen ist es auch nicht immer leicht, das Brunftgeschehen zu verfolgen. Als echte Wildtiere, die zudem bejagt werden, verhalten sich die Hirsche Menschen gegenüber vorsichtig und bleiben stets auf Abstand – auch zur Brunftzeit. Dann stellen sie ihr Verhalten und ihren Tagesrhythmus sogar schon auf den Besucherandrang ein. An Wochentagen sieht man sie tagsüber, wenn kaum Menschen im Brook unterwegs sind, auf den Wiesen stehen. Abends und an den Wochenenden, wenn die »Völkerwanderung« beginnt, halten sie sich in dem unübersichtlichen Gelände aus Bruchwald und Schilf versteckt, das die Brunftwiesen umgibt. Erst in der tiefen Dämmerung treten sie aus der Deckung. Zudem sind während der Brunftzeit einige Wege im Brook gesperrt, so dass die Hirsche sich in ungestörte Bereiche zurückziehen können.

Auch wenn man die Tiere nicht zu sehen bekommt, überhören kann man sie keinesfalls. Auf dem Höhepunkt der Brunft, bei uns meist um den 20. September herum, hallt mit einsetzender Dämmerung der ganze Brook wider von den rauen, archaisch klingenden Brunftschreien. In sternklaren, kalten Nächten, möglichst noch bei Vollmond, ist das Brunftgeschehen am intensivsten. Wenn in der Dämmerung der Bodennebel aus den Wiesen aufsteigt und nur Hals und Kopf der Hirsche samt mächtigem Geweih aus den Nebelschwaden ragen, steht ihnen bei jedem Röhren eine Atemwolke vor dem Maul. Ist es dagegen mild und regnerisch, bleibt das große Spektakel meistens aus. Den Tieren ist es dann schlicht zu warm für die anstrengende Brunft, nur vereinzelt röhren ein paar Junghirsche in der Dickung.

Das Röhren der Rothirsche bei der Brunft soll nicht nur Nebenbuhler einschüchtern, sondern auch die Paarungsbereitschaft der Weibchen synchronisieren, damit sie innerhalb weniger Tage möglichst gleichzeitig in Hitze kommen. Ab Anfang September setzen die jungen Hirsche den Auftakt zum Brunftritual. Die eigentlichen Protagonisten, die älteren Hirsche, lassen die Halbstarken gewähren, da die Hirschkühe zu diesem Zeitpunkt noch nicht empfängnisbereit sind. Doch sobald die ersten Weibchen brünstig werden, übernehmen die starken Hirsche das Kommando. Jeder versucht, in den Rang des Platzhirsches zu kommen und ein möglichst großes Weibchenrudel um sich zu scharen, das gegen Nebenbuhler verteidigt wird. Die Führung im Rudel behält aber weiterhin das weibliche Leittier der Gruppe. Die erfahrenen Hirschkühe bleiben auch auf dem Höhepunkt der Brunft stets wachsam gegenüber möglichen Gefahren. Die männlichen Tiere sind in dieser Zeit viel zu sehr abgelenkt, nur damit beschäftigt, ihre Position als Platzhirsch gegen Rivalen zu behaupten beziehungsweise ein Rudel zu erobern.

Von den 40 bis 45 männlichen Tieren, die im Brook zur Brunftzeit zusammenkommen, sind knapp ein Dutzend potenzielle Platzhirsche, die sich um die etwa 50 bis 60 Weibchen streiten. Bei diesem Konkurrenzdruck schaffen es selbst starke Hirsche oft nur für drei bis vier Tage, das Rudel zu halten, ehe sie von einem Gegenspieler vertrieben werden. Als Erstes fordert ein Rivale den Platzhirsch mit ausdauerndem Röhren heraus, das umgehend beantwortet wird. Anhand dieser akustischen Visitenkarte können die Kontrahenten bereits in etwa die Kraft und Kondition ihres Gegenübers einschätzen. Dieses Röhren, manchmal verbunden mit einem drohenden Senken des Geweihs, reicht in der Regel aus, um einen jüngeren Hirsch auf Distanz zu halten. Ältere Hirsche sind nicht so leicht zu beeindrucken.

Auf der nächsten Stufe der Auseinandersetzung schreiten die Kontrahenten im Imponiergehabe Seite an Seite nebeneinanderher, Körper- und Geweihgröße werden demonstrativ zur Schau gestellt. Wenn jetzt keiner der Hirsche nachgibt, kommt es unvermittelt zum Kampf. Die Geweihstangen mit ihren scharfen Enden sind gefährliche Waffen, mit denen sich die Tiere schwer verletzen oder auch töten könnten. Um das zu verhindern, verläuft der Kampf stark ritualisiert, bleibt im Grunde ein Schaukampf. Die Hirsche verhaken sich mit ihren Geweihen ineinander und versuchen, sich gegenseitig wegzudrücken. Der Unterlegene reißt sich schließlich los und flüchtet, der Sieger schickt ihm eine Serie rauer, abgehackter, keuchend bellender Rufe hinterher. Dieser so genannte Sprengruf dient auch dazu, das Weibchenrudel zusammenzutreiben.

Solange der Platzhirsch damit beschäftigt ist, sein Rudel gegen einen starken Nebenbuhler zu verteidigen, versuchen jüngere Hirsche die Gunst der Stunde zu nutzen und einzelne Weibchen zu entführen. Wenn überhaupt, gelingt ihnen das nur bei unerfahrenen jungen Hirschkühen, die noch nicht gekalbt haben. Ältere Weibchen ignorieren solche Abwerbungsversuche, da sie sich ausschließlich vom Platzhirsch begatten lassen, und auch das erst, nachdem er sie fast zärtlich umworben hat. Geht er die Sache zu forsch an, flüchtet die Hirschkuh oder wehrt ihn mit trommelnden Schlägen der scharfen Vorderhufe ab.

Männliche und weibliche Rothirsche kommen nur zur Paarungszeit zusammen, während des restlichen Jahres leben sie in getrenntgeschlechtlichen Rudeln. Nach der Brunftzeit verlassen die männlichen Tiere den Brook. Vermutlich ist es ihnen dort wegen der vielen Besucher auf Dauer doch zu unruhig. Sie wandern in die angrenzenden schleswig-holsteinischen Forsten und Feldfluren zwischen Jersbek und Hoisbüttel ab. Gelegentlich kann man von der U-Bahn-Linie 1 aus zwischen den Haltestellen Ohlstedt und Hoisbüttel einen Hirsch sehen – ein Erlebnis, das wohl keine andere Stadt in Deutschland zu bieten hat. Raps und andere energiereiche Feldfrüchte sowie ein breites Angebot an Wildpflanzen und Weichhölzern bieten den Tieren immer ausreichend Nah-

Brooklandschaft

rung – der Hauptgrund dafür, dass im Duvenstedter Brook und Umgebung die stärksten Rothirsche Norddeutschlands vorkommen.

Der erste Hamburger Hirsch, der alle Normen sprengte, war »Gigant«, der 1982 im Alter von nur sieben Jahren verendet aufgefunden wurde. Gigant galt damals als mächtigster Hirsch Deutschlands. Seitdem gab es im Brook vier weitere Hirsche seines Kalibers. Den Rekord hält bis heute »Castor«, ein 28-Ender, der 2002 geschossen wurde – als fünftstärkster Rothirsch der Welt. Nicht nur die Zahl der Geweihenden ist entscheidend für die Bewertung, maßgeblich sind vor allem Stärke und Gewicht der Geweihstangen, die zusammen bis zu 14 Kilogramm schwer sein können.

Das Geweih der Hirsche wird jährlich im Winter abgeworfen, wobei die älteren Hirsche ihren Kopfschmuck einige

Wochen früher verlieren als die jüngeren. Für die starken Hirsche bedeutet das eine kurzfristige einschneidende Veränderung ihrer Position im Männerrudel. Mussten sie bis dahin zum Beweis ihrer Dominanz lediglich ihr mächtiges Geweih präsentieren, sind es nun die jüngeren Männchen, die den älteren, jetzt kahlköpfigen Konkurrenten den Rang ablaufen. Erst wenn alle Tiere ihre Geweihe abgeworfen haben und Rangstreitigkeiten mit wirbelnden Schlägen der Vorderläufe ausgetragen werden, setzen sich die körperlich überlegenen älteren Hirsche wieder an die Spitze der Rangordnung. Es dauert rund drei Monate, bis das neue Geweih seine endgültige Größe und Form wieder erreicht hat.

WIE DIE HIRSCHE IN DEN BROOK KAMEN

1939 wurde ein Teil des Duvenstedter Brooks für die Öffentlichkeit gesperrt und zu jagdlichen Zwecken ein 250 Hektar großes Wildgatter errichtet, in dem 29 Stück Rot- und neun Stück Damwild ausgesetzt wurden. Das Rotwild stammte aus Privatgattern in Schlesien, Ostpreußen, Oberösterreich und Ungarn. Die Brookhirsche weisen daher eine hohe genetische Vielfalt auf – eine wichtige Voraussetzung für die Erhaltung eines isolierten Bestandes. 1952 ließ man das Gatter, in dem sich die Tiere gut vermehrt hatten, verfallen. Seitdem ist Hamburg die einzige Stadt Deutschlands mit einer frei lebenden Rotwildpopulation.

Anders als die männlichen Hirsche halten sich die Hirschkühe mit ihren Kälbern überwiegend im Duvenstedter Brook auf. In den Wäldern, Mooren und Schilfflächen können die Mütter ihre im Mai oder Juni gesetzten Kälber gut verstecken. Hier brauchen sie auch keine wildernden Hunde zu fürchten, denn der Duvenstedter Brook ist das einzige Hamburger Naturschutzgebiet, das zum Schutz des Wildes für

Hunde verboten ist. Schon der Geruch eines Hundes reicht aus, um das Wild zu beunruhigen, ganz besonders in der Setzzeit.

Außerhalb der Brunftzeit sieht man die sehr scheuen Tiere kaum einmal. Lediglich die Fährten auf den Wegen und Fraßspuren an den Bäumen verraten ihre Anwesenheit. An einem Spätsommertag, als sich weit und breit kein Besucher im Brook aufhielt, hatte ich jedoch einmal eine fast hautnahe, etwas unheimliche Begegnung mit einem ausgewachsenen Rothirsch. Bei einer Wanderung wurde ich von einem plötzlich aufkommenden Gewitter überrascht. Ein Blitz schlug in die Krone einer mächtigen Fichte ein, unter der ich Schutz gesucht hatte. Ich hatte Glück im Unglück, verlor nur kurz das Bewusstsein, und als ich wieder zur Besinnung kam, lag die zerschmetterte Baumkrone direkt neben mir. Im selben Moment sah ich einen Hirsch, der mich hinter dem sperrigen Geäst nicht zu bemerken schien, geradewegs auf mich zukommen. Kurz darauf senkte sich vor meiner Nase ein braunes, schlankes Bein auf den Waldboden. Ich sah hoch – dem Hirsch direkt in die Augen. Der blickte mindestens so erschrocken wie ich für einen kurzen Moment auf mich herunter. Dann spannten sich seine Beinmuskeln – mit einem einzigen Hufschlag hätte er mir den Schädel spalten können. Doch er sprang mit einem mächtigen Satz über einen Knick, um durch ein Kornfeld zu flüchten.

Weniger spektakulär als die Brunft der Rothirsche ist die des Damwildes. Etwa 80 bis 100 Stück leben im Brook, zeitweise jedenfalls. Denn wie beim Rotwild kommen die männlichen Tiere, wegen ihres schaufelartigen Geweihs auch »Schaufler« genannt, nur zur Brunftzeit in das Naturschutzgebiet. Die

Brunft des Damwildes schließt zeitlich an die des Rotwildes an und erreicht ihren Höhepunkt etwa Mitte Oktober. Die Schaufler röhren nicht, sondern lassen nur ein halblautes Rülpsen vernehmen. Das weibliche Damwild lebt ganzjährig im Brook. In größeren Rudeln stehen die Tiere tagsüber oft am Waldrand. Sie sind ursprünglich Bewohner aufgelockerter parkartiger Landschaften. Im Brook bevorzugen sie die trockeneren Bereiche im Westen des Gebietes, während das Rotwild sich gern in Bruchwald und Schilfbeständen aufhält.

Damhirsche sind deutlich kleiner als Rothirsche und im Sommerfell an ihrer typischen »Bambifärbung« mit weißen Tupfen auf dem rotbraunen Fell zu erkennen. Beim Rot- und Rehwild tragen nur die Jungtiere diese Zeichnung. Im grau-

Damhirsch

braunen Winterfell des Damwildes verblassen die hellen Flecken. Häufig sieht man auch einzelne schwarze oder weiße Damhirsche. Es sind natürliche Spielarten, die bei den anderen Wildarten nur ganz selten vorkommen.

HAMBURG – EINE MOORLANDSCHAFT

Hamburg war ursprünglich in weiten Teilen eine Moorlandschaft. Im Urstromtal der Elbe erstreckten sich Geestrandmoore, und auch der Hamburger Norden war früher ein riesiges zusammenhängendes Moorgebiet, das sich bis weit nach Schleswig-Holstein hinein erstreckte. An diese Landschaft erinnern heute nur noch einige Orts- und Straßennamen sowie vergleichsweise kümmerliche Moorreste wie der Duvenstedter Brook, das Wittmoor, das Raakmoor oder das Eppendorfer Moor. Inzwischen versucht man, durch das Verschließen von Entwässerungsgräben die ehemaligen Moorflächen, so weit es geht, zu renaturieren. Besonders gut kann man dies im Wittmoor nordwestlich von Hamburg erleben. Durch den Wasseranstau sterben die verbreiteten Moorbirken langsam ab, nur noch tote Baumruinen ragen aus dem Wasser. Das ist gewollt, da die Birken dem Moor das Wasser entziehen und die Licht liebende Moorvegetation durch Beschattung verdrängen.

Die Moore beherbergen selten gewordene Pflanzenarten, die sich an das saure und nährstoffarme Milieu angepasst haben. Im Raakmoor im Hamburger Stadtteil Langenhorn findet man noch heute botanische Kostbarkeiten wie Moorlilie, Sumpfcalla und Lungenenzian. Das Eppendorfer Moor, an der Alsterkrugchaussee im Stadtteil Groß-Borstel gelangte sogar zu Weltruhm. Auf der Weltausstellung 1904 in St. Louis (Missouri, USA) erhielt das Botanische Staatsinstitut Hamburg eine Goldmedaille für eine Ausstellung über die Flora des Eppendorfer Moores, das damals unter Botanikern als wahre Fundgrube galt. Sicher sind über kein anderes Moor so viele wissenschaftliche Abhandlungen geschrieben worden wie über das Eppendorfer Moor. Auch eine für die Wissenschaft neue Art wurde hier entdeckt und erstmals beschrieben: der Mittlere Sonnentau, eine Fleisch fressende Pflanze. Heute erinnern nur noch wenige Relikte an den früheren Artenreichtum.

Der Duvenstedter Brook ist eines der ältesten Hamburger Naturschutzgebiete und mit einer Fläche von 780 Hektar auch eines der größten. Zusammen mit den angrenzenden Naturschutzgebieten Wohldorfer Wald und Hansdorfer Brook (Schleswig-Holstein) kann sich die Natur hier auf einer Gesamtfläche von mehr als 15 Quadratkilometern frei entfalten. Unwegsame Erlen- und Birkenbruchwälder, Moore und Feuchtheide, nasses Grünland, naturnahe Laubmischwälder, Teiche und Bäche prägen das Landschaftsbild. Ein hervorragender Lebensraum nicht nur für Hirsche. Das Areal gehört mit seinen rund 600 Pflanzenarten, fast 100 Brutvogelarten, 38 verschiedenen Säugetierarten, 12 Arten an Amphibien und Reptilien sowie unzähligen Insekten zu den bedeutendsten Schutzgebieten in ganz Europa.

Besonders interessant sind die Moorbereiche. Hier leben bedrohte Pflanzenarten wie der Sonnentau, der kleine Insekten fängt. Die Blätter der Pflanze sind mit strahlenförmig angeordneten Tentakeln versehen, an deren Spitzen Tropfen einer klebrigen Flüssigkeit austreten, die wie Tautropfen aussehen. Setzt sich ein Insekt darauf, um von dem vermeintlichen Tau zu trinken, klebt es fest, und alle Tentakeln umschließen die Beute, die anschließend von der Pflanze verdaut wird. Mit dieser einweißhaltigen Nahrung gleicht der Sonnentau die Nährstoffarmut der Hochmoorlebensräume aus. Eine Charakterart mooriger Wiesen ist das Wollgras, dessen weiße Fruchtstände aussehen wie Wattebäusche. Im späten Frühling sind die Moorgebiete von einem Meer aus Watte bedeckt, über dem seltene Libellen wie die Nordische Moosjungfer und die Schwarze Heidelibelle jagen. Auch den bedrohten Moosbeerenbläuling findet man hier, einen Schmetterling, dessen Raupen nur an der Moosbeere fressen, einem

Laubfrosch

Im Großen Moor

seltenen Kleinstrauch mit roten essbaren Beeren. Auf trockeneren Bulten im Moor blühen Rosmarin- und Glockenheide. Die offenen Moor- und Heidebereiche sind auch der Lebensraum unserer einzigen Giftschlange, der Kreuzotter, die vor allem im Naturschutzgebiet Wittmoor, einem renaturierten Moorgebiet westlich des Duvenstedter Brooks, noch häufig vorkommt.

Die Gefahr, von einer Kreuzotter gebissen zu werden, ist sehr gering. Nur wenn eine Otter überrascht und in die Enge getrieben wird, verteidigt sie sich notfalls mit einem nicht ganz ungefährlichen Giftbiss – nicht ohne den vermeintlichen Angreifer vorher unmissverständlich zu warnen. Wenn eine Kreuzotter mit spiralförmig zusammengerolltem Leib und hoch erhobenem Kopf drohend zischend auf dem Weg liegt, sollte man unbedingt einige Schritte zurücktreten, um

Kreuzotter

ihr die Möglichkeit zum Rückzug zu geben. Normalerweise bemerken die Schlangen einen herannahenden Menschen durch die von den Schritten ausgelöste leichte Vibration des Erdbodens und flüchten rechtzeitig. Für den Menschen vollkommen ungefährlich ist die in Hamburg viel häufigere Ringelnatter, die den Gras-, Moor-, Wasser- und Laubfröschen in und an den Gewässern nachstellt.

Das Jahr 1980 brachte für den Brook eine Sensation – erstmals seit Jahrzehnten kam es zur natürlichen Wiederansiedlung des Kranichs auf Hamburger Stadtgebiet. Schon um 1900 war der Kranich als Brutvogel verschwunden, weil die Stadt sich immer weiter ausdehnte und immer mehr Moore und feuchte Wälder trockengelegt und überbaut wurden. Überall hatte die Zerstörung seines Lebensraums den scheuen Vogel an den Rand des Aussterbens gebracht. In den 1970er

Ringelnatterbrut

Jahren brütete nur noch etwa ein Dutzend Paare im östlichen Niedersachsen und in Schleswig-Holstein. Völlig überraschend dann tauchte im Frühjahr 1980 ein Kranichpaar im Brook auf, das sich über die gesamte Brutsaison dort aufhielt, ohne allerdings zu brüten. Offenbar hatten die Vögel Gefallen an dem Gebiet gefunden, denn im nächsten Frühjahr kamen sie zurück und schritten tatsächlich zur Brut, die auch erfolgreich verlief: Ein Jungvogel wurde flügge.

Da die Vögel auf Störungen jeglicher Art sehr empfindlich reagieren, ist gerade am Rande einer Großstadt eine intensive Überwachung des Brutreviers Grundvoraussetzung für ein erfolgreiches Brutgeschäft. Jährlich von Anfang März bis Anfang Juli sorgen Naturschützer nahezu rund um die Uhr dafür, dass Spaziergänger auf den Wegen bleiben und die Kraniche ungestört brüten können. Ebenso wichtig war und ist es, durch Vernässung sichere Brutplätze für die Kraniche zu schaffen. Denn um ihr Gelege, das stets nur aus zwei Eiern

Ringelnatter

besteht, vor Eierräubern wie Fuchs und Wildschwein zu schützen, legen die Vögel ihr Bodennest gerne auf kleinen Inseln inmitten ausreichend tiefer Wasserstellen im Wald oder Schilf an. Zum Führen ihrer Küken benötigen sie außerdem ruhige Nahrungswiesen. Zwischen 1981 und 1988 zog das Kranichpaar im Brook zwölf Küken groß und war damit das erfolgreichste Brutpaar der alten Bundesrepublik.

Heute ist dank umfangreicher Schutzmaßnahmen der Kranichbestand in Deutschland insgesamt wieder auf etwa 5000 Brutpaare angewachsen. Entsprechend groß wird der Populationsdruck. Immer mehr Jungvögel suchen geeignete Reviere, auch im Duvenstedter Brook. Hier und im Hansdorfer Brook stellen sich jährlich acht bis elf Paare ein – eine erstaunliche Dichte für ein verhältnismäßig kleines Gebiet, denn die Vögel beanspruchen große Reviere, in denen sie keine Artgenossen dulden. Zusätzlich halten sich immer einige weitere brutwillige Paare sowie Junggesellenverbände dort auf.

Die Kranichschützer kennen inzwischen »ihre« Vögel durch die tägliche Beobachtung ganz genau und erfahren immer wieder Neues und Überraschendes über ihr Verhalten. In einem Revier brütete ein Kranichpaar zwei Jahre lang zusammen mit Graugänsen. Im dritten Jahr plötzlich duldete der Kranichhahn die Gänse nicht mehr in der Nähe des Nestes. Als die Kranichküken geschlüpft waren, durfte sich keine Gans näher als 300 Meter heranwagen. Den Beobachtern fiel schließlich auf, dass in diesem Revier kein Fuchs mehr gesehen worden war, seitdem die Kraniche damit begonnen hatten, die Gänse zu vertreiben. In den Jahren zuvor war er regelmäßig aufgetaucht und hatte neben den Gösseln, auf die er es wohl hauptsächlich abgesehen hatte, gelegentlich auch

Kraniche

ein Kranichküken erbeutet. Offensichtlich haben die Kraniche diesen Zusammenhang erkannt und mit den Gänsen auch den Fuchs erfolgreich vertrieben.

Solche und ähnliche Beobachtungen zeigen, dass Kraniche über eine hohe Intelligenz verfügen, die es ihnen sogar ermöglicht, vorausschauend zu planen. So stellten der frühere Koordinator der Kranichwache im Brook, Bernhard Weßling,

Kranich

und seine Helfer fest, dass die Vögel auch Brutreviere besetzten, die für die Aufzucht der Küken eigentlich ungeeignet schienen, weil Nahrungswiesen in der Nähe des Brutplatzes fehlten. Die Altvögel blieben mit den Küken so lange in unmittelbarer Umgebung des Nestes, bis die Jungen groß genug waren für eine lange, beschwerliche Wanderung zu einer entfernten Nahrungswiese. Offenbar hatten die Kranicheltern bereits zu dem Zeitpunkt, als sie sich für ihr Brutrevier entschieden hatten, die Wanderung geplant. Anderenfalls hätten sie solch einen Standort nach der üblichen eingehenden Prüfung nicht gewählt. Meist beziehen Kraniche ein Revier erst ein bis zwei Jahre »auf Probe«, ohne zu brüten, um seine Qualität einschätzen zu können.

Ende der 1990er Jahre gelang es Bernhard Weßling, ein Verfahren zu entwickeln, mit dem jeder Kranich anhand seiner Stimme individuell einwandfrei identifiziert werden kann. Diese Methode, die gewissermaßen einen akustischen Fingerabdruck der Vögel liefert, erbrachte nicht nur neue und überraschende Erkenntnisse über die Kraniche im Brook, auch das Lehrbuchwissen über die Biologie des Grauen Kranichs musste in Teilen korrigiert werden. Zum Beispiel konnte nachgewiesen werden, dass die schon fast sprichwörtliche

Partner- und Reviertreue dieser Vögel zumindest nicht uneingeschränkt gilt. Tatsächlich kommt es viel häufiger als bislang angenommen zum Wechsel von Revier und Partner – Verhaltensweisen, die man durch Beobachtung allein nie hätte nachweisen können. Weßlings Methode ist inzwischen fest etabliert und dient weltweit, auch bei den amerikanischen Schreikranichen oder den seltenen Schnee- und Mandschurenkranichen, zur weiteren Erforschung des Verhaltens der großen Vögel, die wiederum Voraussetzung und Grundlage für effiziente Schutzmaßnahmen ist.

Reiherhorst

Etwas später als die ersten Kraniche, gegen Ende der 1980er Jahre, hat sich im zentralen Bereich des Duvenstedter Brooks, dem Großen Moor, eine Graureiherkolonie angesiedelt. Hier brüten die Vögel überwiegend am Boden – ein sehr ungewöhnliches Verhalten, denn normalerweise nisten Graureiher bei uns stets auf hohen Bäumen. Doch das metertiefe Wasser, das den Brutplatz umgibt, schützt die auf umgebrochenen Bäumen, Altschilfhaufen oder Seggenbulten gebauten Bodennester ebenso gut wie die luftige Höhe eines Horstbaumes vor Nesträubern wie Fuchs, Waschbär, Marderhund und den vielen Wildschweinen.

Für Wildschweine stellt der Duvenstedter Brook das reinste Paradies dar. Als Allesfresser finden sie in dem feuchten Gebiet alles, was sie brauchen und mögen – Insektenlarven, Würmer, Früchte, Pilze, Mäuse, Eier und Jungvögel. Überall sieht man die Spuren ihrer nächtlichen Wühltätigkeit. Dichte Schilfbestände bieten ihnen ausreichend Deckung, und schlammige Suhlen gibt es in den Bruchwäldern ebenfalls zur Genüge. Niemand kennt die genaue Anzahl der Sauen, die im Brook leben. In der Jagdsaison 2005/06 wurden 84 Tiere geschossen, eine hohe Zahl, wenn man weiß, wie schwierig die extrem vorsichtigen und intelligenten Tiere zu bejagen sind.

An einem frühen Morgen entdeckte ich einmal auf dem Brügkamp, der sich in unübersichtlichem Gelände durch den Erlenbruch schlängelt, eine Bache mit schon etwas älteren Frischlingen, die direkt neben dem Weg im Boden nach Fressbarem wühlten – nur etwa 30 Meter von mir entfernt. Ich hatte die Schweine früher bemerkt als sie mich und rührte mich nicht von der Stelle. Da der Wind günstig stand, konnten sie mich nicht wittern. Trotzdem wurde die Mutterbache auf mich aufmerksam, die gesträubten Nackenhaare und ein steil emporgereckter Schwanz zeigten deutlich ihre Erregung. Während die Frischlinge weiter im Matsch wühlten, trabte die Bache schnurstracks auf mich zu. Keine 15 Meter trennten uns schließlich, und mir wurde langsam mulmig, denn Mutterschweine, die mit ihrem Nachwuchs unterwegs sind, können sehr aggressiv werden. Während ich noch überlegte, was zu tun sei, klärte ein schmerzhafter Bremsenstich in meine Lippe die Situation: Reflexartig wischte ich das Insekt weg, und diese Bewegung alarmierte die Bache. Blitzartig warf sie sich mit einem warnenden Grunzen herum und raste mit

ihrer Kinderschar ins Gebüsch. Nur ihr erregtes Blasen war noch einige Sekunden lang zu hören.

Solange man nicht zwischen Mutter und Frischlinge gerät oder der Rotte den Fluchtweg verstellt, flüchten die meisten Bachen bei einer direkten Begegnung mit Menschen. In den Walddörfern wurde jedoch einmal eine Joggerin von einer aggressiven Muttersau verfolgt und konnte sich gerade noch auf ein umzäuntes Gartengrundstück retten. Ohne es zu bemerken, war die Frau in der Morgendämmerung auf die Schweinefamilie zugelaufen. Dies hatte die Bache offenbar als Angriff auf ihre Jungen verstanden und entsprechend mit einem Gegenangriff reagiert.

Bis jetzt halten sich die Wildschweine in Hamburg überwiegend in waldreichen Gegenden wie dem Duvenstedter Brook, den Harburger Bergen oder in den Feldmarken im Osten der Vier- und Marschlande auf und wagen sich kaum in die Nähe städtischer Bebauung. Dagegen sind in Berlin Wildschweine seit Jahren mitten in der Stadt anzutreffen. Die Tiere verwüsten regelmäßig Kleingärten und verwandelten schon das Trainingsgelände des Fußball-Bundesligisten Hertha BSC in einen Sturzacker. Am Alexanderplatz mitten in der City tauchten einmal zwei Wildschweine auf, die erschossen werden mussten, nachdem sie auf das Grundstück einer Kindertagesstätte vorgedrungen waren. Inzwischen bringen Bachen ihre Frischlinge auch in Kleingärten zur Welt und führen sie anschließend durch stille Vorstadtstraßen.

Vermutlich war es der Hunger, der die Tiere aus den nahrungsarmen sandigen Kiefernwäldern der Berliner Umgebung in die Stadt getrieben hat. Im Duvenstedter Brook hingegen finden die Wildschweine so viel zu fressen, dass sie es gar nicht nötig haben, in den Siedlungsraum vorzudringen. Dass umgekehrt der Mensch in ihre angestammten Lebensräume eindringt, tolerieren die Sauen ebenso wie die Hirsche, Reiher und Kraniche. Deshalb bietet diese Wildnis in Hamburgs Norden einzigartige Möglichkeiten für Begegnungen mit sonst scheuen Wildtieren, wie sie anderswo kaum möglich sind.

Literatur

Baubehörde der Freien und Hansestadt Hamburg (Hrsg.): Die Außenalster – Entwicklung, Biologie, Bepflanzung. Broschüre 1990

Behörde für Umwelt und Gesundheit der Freien und Hansestadt Hamburg (Hrsg.): Artenhilfsprogramm und Rote Liste der Säugetiere in Hamburg. Schriftenreihe der BSU, Heft 51 (2004)

Behörde für Umwelt und Gesundheit der Freien und Hansestadt Hamburg (Hrsg.): Natur in der Stadt – Die Hamburgischen Naturschutzgebiete. Broschüre, Hamburg 2003

Bower, Simon: Fortpflanzungsaktivität, Habitatnutzung und Populationsstruktur eines Schwarms von Haussperlingen im Hamburger Stadtgebiet. Hamburger avifaunistische Beiträge 30 (1999): 91–128

Flade, Martin: Neue Prioritäten im deutschen Vogelschutz: Kleiber oder Wiedehopf? Der Falke 45 (12) (1998): 348–355

Gilbert, Oliver L.: Städtische Ökosysteme. Neumann Verlag, Radebeul 1994

Helm, Günther: Lebensräume in der Stadt – Paradiese auf Zeit? Naturschutz in Hamburg 2 (1993): 6–8

Hoff, Hans-Joachim: Eine farbig beringte Population von Graugänsen in Öjendorf/Hamburg – erste Ergebnisse eines Langzeitmonitorings. Hamburger avifaunistische Beiträge 33 (2005): 157–173

Klausnitzer, Bernhard: Ökologie der Großstadtfauna. Gustav Fischer Verlag, Jena 1987

Klausnitzer, Bernhard: Verstädterung von Tieren. Ziemsen Verlag Wittenberg, 1988

Klemp, Sverre: Die Stadttaube in Hamburg – Ergebnisse des »Stadttaubenprogramms« 1989–1991. Hamburger avifaunistische Beiträge 24 (1993): 7–36

Köpke, Andreas / Möller, Ingo / Pump, Katja / Seeger, Kirsten / Thannheiser, Dietbert: Grüne Oasen in Hamburg – Ausgewählte Naturschutzgebiete Hamburgs (Teil 1). Naturwacht-Informationen, Heft 1, Hamburg 1996

Köpke, Andreas / Thannheiser, Dietbert (Hrsg.): Grüne Oasen in Hamburg – Ausgewählte Naturschutzgebiete Hamburgs (Teil 2). Naturwacht-Informationen, Heft 2, Hamburg 1999

Kondziella, Bernhard: Rastbestandsentwicklung des Berghänflings von 1994/95 bis 1998/99 an einem Hamburger Gebäude-Schlafplatz. Hamburger avifaunistische Beiträge 30 (1999): 205–214

Kreutzkamp, Irmtraut: Die Entwicklung der Brutpopulationen von Graugans, Kanadagans und Nilgans im Hamburger Berichtsgebiet von 1990 bis 2002. Hamburger avifaunistische Beiträge 32 (2003): 153–186

Mehlhorn, Birgit / Mehlhorn, Heinz: Zecken, Milben, Fliegen, Schaben – Schach dem Ungeziefer. Springer Verlag, Berlin – Heidelberg, 2. Aufl. 1992

Mitschke, Alexander / Baumung, Sven (Hrsg.): Brutvogel-Atlas Hamburg. Hamburger avifaunistische Beiträge 31 (2001)

Mulsow, Ronald: Hamburg. In: Kelcey, John G. / Rheinwald, Goetz (Hrsg.): Birds in European Cities. Ginster Verlag, St. Katharinen 2005

Nieß, Harald: Hamburgs Alsterschwäne. Rasch und Röhring Verlag, Hamburg 1997

Poppendieck, Hans-Helmut: Hotspot Hamburg – Pflanzenreich an der Elbe. Naturschutz in Hamburg 2 (2004): 8–11

Riechelmann, Cord: Wilde Tiere in der Großstadt. Nicolai Verlag, Berlin 2004

Schäffer, Norbert: Der Wachtelkönig – eine weltweit in ihrem Bestand bedrohte Vogelart. Berichte zum Vogelschutz 32 (1994): 97–102

Schmidt, Thomas: Vom Wildtier zum Parkvogel – Die Verstädterung von Stockenten. Naturschutz in Hamburg 2 (1994): 9

Schmidt, Thomas: Gefiederte Nachbarn – Vögel in Stadt und Garten. Edition Rasch und Röhring, Steinfurt 2001

Schmidt, Thomas: Hamburgs Vogelwelt entdecken – 10 Spaziergänge zu den Lebensräumen. Convent Verlag, Hamburg 2002

Schmidt, Thomas: Hamburgs grüne Schätze. Convent Verlag, Hamburg 2004

Umweltbehörde der Freien und Hansestadt Hamburg (Hrsg.): Rote Liste und Florenliste der Farn- und Blütenpflanzen von Hamburg. Naturschutz und Landschaftspflege in Hamburg 48, Hamburg 1998

Umweltbehörde der Freien und Hansestadt Hamburg (Hrsg.): Der Steinmarder – ein Marderprofil aus Hamburg. Broschüre, Hamburg 1999

Vieth, Harald: Hamburger Bäume – Zeitzeugen der Stadtgeschichte. Eigenverlag 1995

Vieth, Harald: Hamburger Bäume 2000 – Geschichten von Bäumen und der Hansestadt. Eigenverlag 2000

Weßling, Bernhard: Kranichgedanken. Margraf Verlag, Weikersheim 2000

Westphal, Uwe/Nimtz-Köster, Renate: Das Mühlenberger Milliardenloch – Wie ein Flugzeug die Politik beherrscht. Edition Nautilus, Hamburg 2005

Wittig, Rüdiger: Ökologie der Großstadtflora. UTB Gustav Fischer Verlag, Stuttgart 1991

Wege und Ausflugstipps zu einzelnen Gebieten

Alster

Wandertipp: Von der Bahnstation Ohlsdorf (U 1/S 1) oder Klein-Borstel (U 1) auf dem Alsterwanderweg flussaufwärts, durch das Naturschutzgebiet Rodenbeker Quellental bis zur nahen Bahnstation Ohlstedt (U 1). Von hier kann man einen Abstecher in den Wohldorfer Wald machen. Am Alsterwanderweg liegt das private Schutzgebiet Mellingburger Schleife mit interessanter Vegetation und Fauna, das nur im Rahmen regelmäßig stattfindender Führungen besichtigt werden kann (Termine unter www.NABU-Hamburg.de).
Kurzvariante: Von Ohlsdorf bis zur Poppenbütteler Schleuse und zurück über S-Bahn-Station Poppenbüttel (S1) bzw. von dort bis U-Bahn-Station Ohlstedt.

Stadtpark

Verkehrsverbindungen:
U-Bahn: Haltestellen Saarlandstraße, Borgweg (U3)
S-Bahn: Haltestelle Alte Wöhr (S 1)

Weitere Ausflugstipps:
Der **Harburger Stadtpark** rund um den großen Außenmühlenteich ist sehr naturnah gestaltet. In teils hügeliger Landschaft finden sich viele unterschiedliche Lebensräume wie Buchenwaldbestände, Bruchwald, Stauteiche, ein renaturierter Bachlauf, feuchte Wiesen und Gebüsche mit einer sehr artenreichen Vogelwelt, darunter Bunt-, Klein- und Grünspecht, Eisvogel, Haubentaucher, Sumpfrohrsänger und Nachtigall.

Der **Jenischpark** in Klein-Flottbek wurde als Landschaftspark nach englischem Vorbild angelegt und weist nicht nur einen prächtigen Baumbestand auf, sondern mit dem **Flottbektal** ein in den Park integriertes kleines Naturschutzgebiet. Weitere sehenswerte Parks entlang der Elbe sind zum Beispiel der weiter westlich gelegene **Hirschpark** mit seinem Damwild-Freigehege oder der **Sven-Simon-Park** am Blankeneser Falkenstein. Von hier aus, hoch über der Elbe, hat man einen fantastischen Blick auf die Insel Neßsand. Westlich an den Sven-Simon-Park schließt sich das Naturschutzgebiet **Wittenbergener Heide mit Elbwiesen** an.

Friedhöfe

Verkehrsverbindungen:
Ohlsdorfer Friedhof: U-Bahn: Haltestellen Ohlsdorf, Klein-Borstel (U 1) • S-Bahn: Haltestellen Ohlsdorf, Kornweg, Hoheneichen (S 1) • Bus: Die Buslinien 170 und 270 führen vom Haupteingang gegenüber der U/S-Bahn-Station Ohlsdorf über alle Kapellen zu den Eingängen Bramfeld und Seehof.

Öjendorfer Friedhof und Park: Bus: Die Linie 161 verkehrt zwischen den U-Bahn-Haltestellen Horner Rennbahn (U 3) und Steinfurther Allee (U 3) und fährt mehrere Bushaltestellen auf dem Friedhof an. Ab U-Bahn-Station Wandsbek-Markt (U 1) mit Buslinie 263 bis Haltestelle Gleiwitzer Bogen. Von dort 10 Minuten Fußweg über Bruhnrögenredder bis zum Nordufer (Vogelschutzzone) des Öjendorfer Sees. – Rund um den Öjendorfer Park befinden sich mehrere ausgeschilderte Parkplätze.
Öffnungszeiten (für beide Friedhöfe):
April–Oktober: täglich 8–21 Uhr
November–März: täglich 8–18 Uhr

Besonderheiten:
Naturlehrpfad auf dem Ohlsdorfer Friedhof. Beginn bei den Cordesteichen in der Nähe des Haupteingangs.
Themenführungen und Veranstaltungen unter www.friedhof-hamburg.de

Wandertipp: Von der S-Bahn-Station Rothenburgsort (S 21) in südlicher Richtung über Billhorner Deich und Ausschläger Elbdeich bis zum Kaltehofe-Sperrwerk an der Billwerder Bucht. Gegenüber liegt die Elbinsel Kaltehofe mit zahlreichen ehemaligen Filterbecken. Das Areal lässt sich über Kaltehofe-Hauptdeich und Kaltehofe-Hinterdeich erkunden. Wo beide Wege an der Südspitze des Geländes zusammentreffen, erstrecken sich östlich die Schlickwatten des Holzhafens. Hier wie auch an den Filterbecken bestehen hervorragende Möglichkeiten zur Vogelbeobachtung. Anschließend auf dem Kaltehofe-Hauptdeich unter der Autobahn A 1 hindurch über den Moorfleeter Hauptdeich am Ufer der Gose-Elbe entlang bis Tatenberger Weg. Von dort mit dem Bus (Linien 120/124) zur S-Bahn-Station Tiefstack (S 21) mit Anschluss zum Hauptbahnhof.

Verkehrsverbindungen:
Heuckenlock: Ab S-Bahnhof Wilhelmsburg (S 3, S 31) mit der Buslinie 351 bis Haltestelle Am Heuckenlock. – Begrenzte Parkmöglichkeiten am Stillhorner Hauptdeich.

Mühlenberger Loch: Bus: Linie 150 ab Bahnhof Altona oder Linie 257 ab S-Bahnhof Neugraben (S 3, S 31) bis Haltestellen Neuenfelder Damm oder Estesperrwerk. – Parkmöglichkeiten entlang des Neuenfelder Hauptdeiches.

Infozentren:
Eine Ausstellung zu Geschichte, Lebensräumen, Flora und Fauna der Hamburger Elblandschaft findet sich im
Elbe-Tideauenzentrum Bunthaus
Moorwerder Hauptdeich 33 • 21109 Hamburg
Tel.: 040/750 62 831
www.naturschutzverband-goep.de (Veranstaltungskalender)
Öffnungszeiten:
April – Oktober: Do 17–21 Uhr • Fr, Sa, So- u. Feiert. 12–18 Uhr
November – März: Sonn- und Feiertage 12–18 Uhr
Verkehrsverbindungen:
Buslinie 351 vom S-Bahnhof Wilhelmsburg (S 3, S 31) bis Haltestelle Moorwerder Kinderheim.

Vogelbeobachtung unter fachkundiger Anleitung bietet die
Carl Zeiss Vogelstation in der Wedeler Marsch
Nur zu Fuß oder mit dem Fahrrad direkt zu erreichen: Von der S-Bahn-Station Wedel (S1) aus ca. 45 Minuten Fußweg durch Wiesen und Obstplantagen bis zur Elbe, von dort elbabwärts am Hof Fährmannssand vorbei bis zur Station. Mit dem Auto über Wedel bis Fährmannssand, von dort ca. 10 Minuten auf dem Deich. Wasser, Watt und Wiesen sind Lebensräume für zahlreiche Brut- und Gastvögel.
Öffnungszeiten:
Mittwochs sowie an Wochenenden und Feiertagen jeweils von 10–16 Uhr (ganzjährig)

Moorgürtel / Kirchwerder Wiesen

Verkehrsverbindungen:
Moorgürtel: S-Bahn-Station Neugraben (S1, S31), von dort über die Straßen Süderelbebogen und Im Neugrabener Dorf zu Fuß in das Gebiet. – Parkhaus am Neugrabener Bahnhof sowie begrenzte Parkmöglichkeiten beim Schäferhund-Übungsplatz am Ende der Straße Im Neugrabener Dorf.

Kirchwerder Wiesen: Bus: Vom S-Bahnhof Bergedorf (S21) mit der Buslinie 223 zu den Haltestellen Fersenweg oder Marschbahndamm (dort auch eingeschränkte Parkmöglichkeiten, Anfahrt über Kirchwerder Landweg).

Besonderheiten: Naturlehrpfad (Rundweg) durch den östlichen Bereich der Kirchwerder Wiesen entlang von Fersenweg und Marschbahndamm. Beginn an der Kreuzung Kirchwerder Landweg/Fersenweg bei der Bushaltestelle (223) Fersenweg. Eine entsprechende Rundtour (bis Sandbrack) ist auch in nordwestlicher Richtung über die genannten Wege möglich. Eine Faltkarte mit Erläuterungen zu den einzelnen Stationen des Naturlehrpfads ist erhältlich beim NABU Hamburg.

Fischbeker Heide/ Höltigbaum

Verkehrsverbindung:
Fischbeker Heide: Von Bahnhof Altona oder S-Bahnhof Neugraben (S3, S31) mit Buslinie 250 bis Haltestelle Fischbeker Heideweg; Parkmöglichkeiten am Fischbeker Heideweg oder vor dem Infozentrum.
Infozentrum:
Ausstellung zu Geschichte, Landschaft, Flora und Fauna der Fischbeker Heide im
Naturschutz-Informationshaus »Schafstall«
Fischbeker Heideweg 43a • 21149 Hamburg
Tel.: 040/702 66 18
www.stiftung-naturschutz-hh.de/fiheide (Veranstaltungskalender)
Öffnungszeiten: April–Oktober: Di–Fr 10–13 Uhr
Sa 12–17 Uhr • So 11–17 Uhr

Ausflugstipp:
Wildpark Schwarze Berge
Am Wildpark 1 • 21224 Rosengarten-Vahrendorf
Tel.: 040/796 42 33
Umfangreiches Veranstaltungsprogramm unter:
www.wildpark-schwarze-berge.de
Öffnungszeiten:
April–Oktober: täglich 8–18 Uhr
November–März: täglich 9–17 Uhr
Verkehrsverbindung: Ab Bahnhof Harburg oder Neuwiedenthal (S3, S31) mit Buslinie 340 direkt bis zum Eingang; ausreichend Parkplätze vor dem Wildparkgelände (5 Minuten von der BAB 7, Ausfahrt HH-Marmstorf).

Lohnenswert ist auch ein Besuch des direkt benachbarten **Freilichtmuseums am Kiekeberg**.

Verkehrsverbindung:
Höltigbaum: Vom Hauptbahnhof mit Nahverkehrszug R10 bis Rahlstedt, weiter mit Buslinie 562 bis Haltestelle Eichwischen, von dort in wenigen Minuten über die Straße Eichberg ins Gebiet.

Infozentrum:
Ein naturkundliches Informationszentrum am Ende des Eichbergs ist zurzeit im Bau, die Eröffnung ist für Ende 2006 geplant.
Projektbüro Höltigbaum
Eichberg 63 • 22143 Hamburg • Tel.: 040/78 07 11 88

Ausflugstipp in die weitere Umgebung:
Im Südosten Hamburgs, zwischen Bergedorf und Kirchsteinbek, erstrecken sich im Naturschutzgebiet **Boberger Niederung** Reste einer Binnendünenlandschaft mit offenen Sandflächen, Heide, Trockenrasen und trockenen Eichen-Birkenwäldern. Besonders beeindruckend ist eine große Sanddüne im Zentrum des 350 Hektar großen Areals. Außerdem gibt es hier den urigen Erlenbruchwald im Achtermoor, aus dem im Frühjahr der Gesang von Nachtigallen erschallt. Im Westen des Gebietes, das zu den botanisch wertvollsten Hamburgs zählt, befindet sich ein Badesee.

Einen Überblick über die vielfältige Landschaft bietet das
Naturschutzinformationshaus Boberger Niederung
Boberger Furt 50 • 21033 Hamburg • Tel.: 040 / 73 93 12 66
www.stiftung-naturschutz-hh.de/boberg/ (Veranstaltungsprogramm)
Öffnungszeiten:
Mi–Fr 9–13 Uhr • Sa 12–17 Uhr
Sonn- und Feiertage 11–17 Uhr
(November–Februar samstags geschlossen)

Verkehrsverbindung:
Von der U-Bahn-Station Mümmelmannsberg (U3) mit der Buslinie 12 bis Schulredder. Von dort ca. 15 Minuten Fußweg über Schulredder und Boberger Furt zum Informationszentrum.
Von der S-Bahn-Station Mittlerer Landweg (S2, S21) mit Buslinie 221 bis Boberger Furtweg, von dort kurzer Fußweg bis zum Infozentrum; Parkmöglichkeiten unter anderem an der Straße Boberger Furt (ca. 150 Meter vom Infohaus entfernt).

Wohldorfer Wald

Verkehrsverbindung: U-Bahn: Endhaltestelle Ohlstedt (U1) Parkplatz am Bahnhof Ohlstedt

Besonderheiten: Historisch-ökologischer Erlebnispfad im Wohldorfer Wald. Start am U-Bahnhof Ohlstedt

Duvenstedter Brook

Infozentrum: Ausstellung über Geschichte, Landschaft, Flora und Fauna des Duvenstedter Brooks im

Naturschutz-Informationshaus Duvenstedter Brook
Duvenstedter Triftweg 140 • 22397 Hamburg
Tel.: 040/607 24 66

Verkehrsverbindung:
Von der U-Bahn-Haltestelle Ohlstedt (U1) ca. 30 Minuten Fußweg durch den Wohldorfer Wald über Kupferredder und Webersteig bis zum Infohaus; Parkplatz gegenüber dem Infohaus.
Öffnungszeiten:
April–Oktober: Di–Fr 14–17 Uhr
Sa 12–18 Uhr
Sonn- und Feiertage 10–18 Uhr
Nov.: Sa 12–16 Uhr
Sonn- und Feiertage 10–16 Uhr
Dezember: bitte erfragen (040/69 70 89-0)

Umfangreiches Veranstaltungsprogramm zu Veranstaltungen im Brook unter: www.NABU-Hamburg.de

Allgemein:

Ein umfangreiches Veranstaltungsprogramm mit naturkundlichen Führungen, vogelkundlichen Wanderungen, Vorträgen etc. in Hamburg und Umgebung ist erhältlich beim:

NABU-Landesverband Hamburg
– Haus der Zukunft –
Osterstraße 58
20259 Hamburg

Tel.: 040/69 70 89-0
E-Mail: NABU@NABU-Hamburg.de
www.NABU-Hamburg.de

Kartenmaterial für viele Naturschutzgebiete erhältlich bei:

Behörde für Stadtentwicklung und Umwelt der Freien und Hansestadt Hamburg
Billstraße 84
20539 Hamburg
Informationszentrum für Umwelt und Entsorgung
Hermannstraße 14
20095 Hamburg

Die Autoren stehen nach Absprache für Führungen, Vorträge etc. gern zur Verfügung.
Anfragen unter: uwe.westphal@arcor.de

Bildnachweis

© Rainer Eggers: 179
© Frank Hecker: 67, 102, 120, 128, 136, 205, 206, 213, 218 o, 219 u, 243, 245, 260
© Heiko Goroncy: 87, 145, 150, 154, 157
© Claus Gülzow: 267
© Hamburger Friedhöfe (AÖR): 109
© Hortig/Bildagentur F. Hecker: 248
© Bernhard Kondziella: 42
© Marianne Lenz: 193
© Limbrunner/Bildagentur F. Hecker: 246
© Mestel/Bildagentur F. Hecker: 131, 132, 177
© NABU-Archiv: 44, 122, 124, 125, 148, 195, 222, 227, 268
© Sauer/Bildagentur F. Hecker: 135, 141, 161, 204, 218 u
© Thomas Schmidt: 80, 83, 85, 106
© Uwe Westphal: 142
© Andreas Zours: 40, 55, 57
Alle übrigen Fotos: © Günther Helm

Dank

Die Autoren danken allen Personen, die durch Informationen, Bereitstellung von Fotos oder sonstige Unterstützung zum Gelingen dieses Buches beigetragen haben. Insbesondere seien genannt: Wolf-Rüdiger Baus, Horst Bertram, Herbert Blümke, Rainer Eggers, Andrea Folster, Jan Gawryluk, Sigrun und Heiko Goroncy, Claus Gülzow, Helga Gwildis, Frank Hecker, Bernhard Kondziella, Marianne Lenz, Gernot Maaß, Alexander Mitschke, Dr. Hartmut Müller, Olaf Nieß, Jürgen Pelch, Ute Pelka, Heinz Peper, Haiko Petersen, Lutz Rehkopf, Jutta Sandkühler, Dr. Udo Sellenschlo, Thomas Schmidt, Arne Vaubel, Ludmila Wieczorek, Helmut Windisch, Annegret Wiermann, Andreas Zours. Dem NABU-Landesverband Hamburg, dem Förderverein Tierartenschutz in Norddeutschland sowie dem Wildpark Schwarze Berge sind wir für finanzielle Unterstützung zu Dank verpflichtet.

Dem Murmann Verlag danken wir für die intensive Betreuung und die sorgfältige Ausstattung des Buches.

Über die Autoren

Uwe Westphal ist Diplom-Biologe und Fachjournalist im Bereich Umwelt, Natur und Wissenschaft. Nach 20-jähriger Tätigkeit im Naturschutz arbeitet er heute als freier Publizist.

Günther Helm ist Künstler und war 35 Jahre beim Naturschutzamt Hamburg tätig, die längste Zeit als Leiter der Hamburger Vogelschutzwarte. Seit vielen Jahren fotografiert er die Tiere und Pflanzen von Hamburg und Umgebung